英国地图

地图来源：Nations Online Project，https://www.nationsonline.org/oneworld/map/united-kingdom-map.htm。

欧洲地图

地图来源：自然资源部，审图号：GS（2020）4390号。

近代英国海上贸易保护政策的演变

(17世纪中叶至20世纪初)

杜平◎著

世界知识出版社

图书在版编目（CIP）数据

近代英国海上贸易保护政策的演变：17世纪中叶至20世纪初 / 杜平著. --北京：世界知识出版社，2021.1
ISBN 978-7-5012-6359-2

Ⅰ.①近… Ⅱ.①杜… Ⅲ.①国际贸易—贸易保护—贸易政策—研究—英国—17世纪-20世纪 Ⅳ.①F755.610.2

中国版本图书馆CIP数据核字（2021）第013427号

责任编辑	狄安略
责任出版	赵 玥
责任校对	陈可望

书　　名	近代英国海上贸易保护政策的演变
	（17世纪中叶至20世纪初）
	Jindai Yingguo Haishang Maoyi Baohu Zhengce de Yanbian
	（17 Shiji Zhongye Zhi 20 Shiji Chu）
作　　者	杜 平
出版发行	世界知识出版社
地址邮编	北京市东城区干面胡同51号（100010）
网　　址	www.ishizhi.cn
电　　话	010-65265923（发行）　010-85119023（邮购）
经　　销	新华书店
印　　刷	北京虎彩文化传播有限公司
开本印张	710毫米×1000毫米　1/16　13⅛印张
字　　数	200千字
版次印次	2021年5月第一版　2021年5月第一次印刷
标准书号	ISBN 978-7-5012-6359-2
定　　价	80.00元

版权所有　侵权必究

前　言

　　作为一个岛国，英国从事海上贸易的历史非常久远，其海上贸易商船的保护问题亦可追溯至诺曼征服之前。在相当长的一段时间里，英国商船主要依靠结伴航行来抵御旅途中被劫掠的风险。在17世纪中叶，随着英国海外贸易的扩张及其重要性的提高，英国的国家军事力量介入了对海上贸易的保护，开始为商船提供军舰护航。之后直至19世纪前期，护航都是英国最为主要的海上贸易保护政策，并且经历了商船自愿基础上的护航和强制性的护航这两个发展阶段。护航曾在保护英国商船的安全方面起到过积极的作用，但是，这一政策本身也包含着一些缺陷；而且，随着英国商船数量的不断增多和造船技术水平的提高，这些缺陷的负面作用愈加明显，这也为之后护航的有效性饱受质疑埋下了伏笔。

　　19世纪中期以后，随着英国第一次工业革命的完成和工业化程度的日益加深，英国在工业品销售、原材料和粮食等重要物资的供给上严重依赖于海外，海上贸易的安全与畅通已经成为维系英国国家存续和经济繁荣的"必需"。但是，由于技术变革、经济发展所导致的种种新情况的出现，使得传统护航政策的有效性受到质疑，英国开始探讨更有效的海上贸易保护政策。拉开这一序幕的是时任英国第一海军大臣的亚历山大·米尔恩，他在1874年提出了"巡航航路"的想法，将海上贸易保护的重心从保护商船转移到了保护航路上，具有开创性的意义。1878年，卡那封委员会成立，随即就英国海上贸易的安全问题展开了为期四年的调研，其调研报告对于之后英国海上贸易保护新政策的形成有着重要的参考价值和指导意义。

　　19世纪80—90年代，在以科洛姆兄弟为代表的英国海权主义者的思想影响下,在卡那封委员会调研报告的基础之上,英国放弃了对海上贸易提供直接保护的政策,确立了海军封锁攻击的政策,即在战争开始之时,采取及时封锁敌方海军军港和主动攻击敌方据点、海上贸易商船等行动,以控制和吸引敌方海军力量,从而达到保护海上贸易的效果。该政策其实已经超越了一个单纯的海上贸易保护政策范畴,而是确定了战时英国海军整体战略的一个基本方向。由于国际局势日趋紧张,英国从19世纪80年代后期开始积极落实这一政策,并具体表现在改进海军备战效率和加强海军建设上。

在20世纪初,由于种种原因,英国重新就海上贸易的保护问题展开探讨。经过多方调研和慎重考虑,英国在战前确立了一项较为全面的战时海上贸易保护政策,其具体内容包括:第一,掌握制海权是前提;第二,通过"在战时航线沿途特定地点派驻舰队"来对海上贸易提供直接的保护,并对商船在战时的行为做了严格规范;第三,从经济、法律方面采取一些辅助性的措施,此举体现出英国的海上贸易保护政策从单纯依靠海军向以海军为主、多方配合的更为全面的政策发展趋向。

目 录

导论 ………………………………………………………………… 1

第一章 护航的出现与发展（17世纪中叶至19世纪初）

第一节 英国早期的海上贸易保护和17世纪中叶护航的出现 ……… 11

第二节 护航政策发展的第一个阶段（17世纪中期至18世纪后期）
——商船自愿基础上的护航 …………………………… 20

第三节 护航政策发展的第二个阶段（18世纪后期至19世纪前期）
——强制性的护航政策 ………………………………… 29

第四节 护航存在的问题及对其的评价 ……………………………… 39

第二章 19世纪70年代英国对海上贸易保护政策的重新探讨

第一节 19世纪70年代英国重新探讨海上贸易保护政策的背景 …… 50

第二节 1874年亚历山大·米尔恩的"巡航航路"想法 …………… 63

第三节 卡那封委员会的调研（1878—1882年） ………………… 65

第三章 19世纪80—90年代海军封锁攻击政策的形成和落实

第一节 19世纪80—90年代海军封锁攻击政策出台的背景 ……… 76

第二节 对外情报委员会提出海军封锁攻击政策的前提 …………… 80

第三节 对外情报委员会与海军封锁攻击政策的形成 ……………… 86

第四节　海军封锁攻击政策的落实
　　　　——对海军备战工作的重视（暨海军情报处的建立）
　　　　和对海军建设的重视 …………………………………… 94

第四章　20世纪初英国战时海上贸易保护政策的形成

第一节　20世纪初英国重新探讨海上贸易保护问题的原因 ………… 118
第二节　战时保护海上贸易的基本前提
　　　　——掌握制海权 …………………………………………… 122
第三节　战时对海上贸易的直接保护
　　　　——军舰驻守航路和商船的配合 ………………………… 123
第四节　英国海上贸易保护的辅助措施（经济和法律方面）……… 132

结束语 ………………………………………………………………… 139

参考文献 ……………………………………………………………… 140

附录一：地名翻译对照表 …………………………………………… 154

附录二：人名翻译对照表 …………………………………………… 159

附录三：主要称谓翻译对照表 ……………………………………… 163

附录四：主要相关海战法 …………………………………………… 166

附录五：地图 ………………………………………………………… 201

后记 …………………………………………………………………… 203

导　论

英国位于欧洲大陆的西北面，处在海洋的环绕之中。在古代，欧洲大陆上的人们隔着英吉利海峡，能隐隐约约地看到不列颠岛岸边雾茫茫的灰白色山崖，他们将之称为阿尔比昂①。在古代诗歌中，诗人们往往用阿尔比昂这个名称来代指英国。英国作为一个岛国，自古以来，海洋是它与外界交往的必由之道。

一、选题释义

从16—17世纪到20世纪初，海外贸易对英国一直有着重要的意义。大约从16世纪后期起，随着国内商品经济的迅速发展和对重商政策的普遍尊崇，英国开始积极致力于拓展海外殖民地和海外贸易，其贸易触角逐渐深入到世界各地；这为英国带来了极为丰厚的利润，成为当时英国财政收入和国内资本积累的重要资金来源。在18世纪中期，英国率先开始进行工业革命，其工业化进程日益加快。到19世纪后期，英国已经成为世界头号工业强国，遍布全球的殖民地为它提供着丰富的原材料和广阔的市场，英国的工业制成品也大量涌入其他资本主义国家。对于此时的英国来讲，畅通的海外贸易已经成为维系其经济繁荣乃至国家存续的根本保障。

但是，由于英国岛国的地理特点，它不可能像别的国家那样大力发展陆路交通，它与外界的贸易往来都必须通过海洋进行。因此，该如何有效地保护其海上贸易的安全，一直以来便是英国政府所关注的重点。

---

① 阿尔比昂（Albion），来源于拉丁文 Album，意为白色。

二、研究现状

在危险时期和危险海域对海上贸易商船进行保护，是英国一项历史悠久的重要国策，最早可以追溯至诺曼征服以前。在17世纪中期，英国的国家军事力量正式介入对海上贸易的保护，之后直至第二次世界大战结束。英国海上贸易保护政策的发展历程大体可以划分为三个阶段：第一个阶段是17世纪中期到19世纪早期，此时期英国主要的海上贸易保护政策便是护航，而且，经过长期的发展和完善，英国在19世纪初已经形成了一个较为成熟且有效的护航体系；第二个阶段是19世纪后期至20世纪初，在这一时期，英国逐步放弃了护航政策，并在20世纪初确立了以"争夺制海权"为先决、以"沿战时航线驻扎舰队"为特点的保护政策；第三个阶段是20世纪以后，主要是在两次世界大战期间，英国重拾护航政策。本书主要围绕前两个时段，即17世纪中期至20世纪初英国的海上贸易保护政策展开探讨。

（一）国外研究现状

从英国海上贸易保护政策的总体发展历程来看，除了一个短暂的时期（即19世纪后期至20世纪初）外，护航都是其主要的保护政策。因此，国外学界对于英国海上贸易保护问题的直接探讨，经常是以护航政策的发展演变为主要考察对象；而对于19世纪后期至20世纪初这一短暂的否定和摒弃护航政策的时期，往往只是简单论及。

英国历史学家约翰·温顿在其《护航：对海上贸易的防御，1890—1990》[①]一书中，重点论述了20世纪尤其是两次世界大战期间护航政策的实施，其中用较少的篇幅探讨了19世纪后期至20世纪初英国当局对护航政策的质疑和反对。书中称：在19世纪后期的英国，无论是专业的海军人员还是海军历史学家，都普遍认为，护航已经是一个"不再适用、无效甚至可能是危险"的政策。之所以出现这种观点，主要原因在于当时英国较为流行的两个观念：第一，海上的"航路"其实是一片宽广无垠的大海，但是，在19世纪后期和

---

① John Winton, *Convoy: The Defence of Sea Trade*, 1890-1990, 1983.

20世纪早期的英国,人们普遍存在着一种"将海上航路等同于陆路"的错误观念,"就好像人们真的相信:当他们乘坐一艘船沿着某条航路航行时,他们将能够看到像陆地上的罗马大道一样清晰、明显的一条'路'"。这种错误的观点导致了当时英国的海上贸易保护政策向保护航路调整;第二,在19世纪后期,以马汉为代表的海军历史学家们提出,在海上战争中,海军作战的首要目的应是击垮敌人的海军,攻击贸易船只则是次要目的。这一观点对当时英、法、德等国的海军政策影响深远。

英国历史学家欧文·拉特所著的《红旗①飘扬:护航的历史》② 是一部通史性的著作,其较为详细地介绍了从12世纪后期一直到第二次世界大战后英国护航政策产生、发展及实施的历史。其中,该书简单地介绍了19世纪中后期至20世纪初这一时期的情况。该书提到,在这个充满变化的和平时期,护航体系的作用几乎已被遗忘,船东、海陆军将领和海军历史学家普遍对新时期下护航的有效性和实用性展开探讨并提出质疑。在20世纪初,官方普遍认为,护航政策已经过时,在未来发生的战争中,护航对于保护海上贸易而言将是无效的;应该采取措施保护航路,但是必须要保证以拥有优势的海军力量与敌军舰队进行战斗为前提。拉特指出,20世纪初英国官方的这些观点有些天真,一则其想当然地认为战争发生后敌国舰队会积极与英方展开战斗、争夺制海权,二则其没有考虑到当时刚刚诞生的潜水艇将在战时成为攻击英国海上贸易的主要武器。

此外,关于19世纪后期至20世纪初这一时期英国的海上贸易保护,还必须要提到英国历史学家布赖恩·兰夫特在1967年完成的博士论文《海军对英国海上贸易的保护,1860—1905》③。这篇博士论文的正文分为两部分,第一部分主要介绍了这一时期英国当局围绕海上贸易保护问题所进行的海军战略思想层次上的探索和争论,第二部分则主要论述了这一时期英国海军的海上贸易保护政策的调整历程。这篇论文并未公开出版,其原稿保存在牛津大学图书馆内,在中国国家图书馆的学位论文数据库中也只能找到很少一部分

---

① 红旗(Red Ensign),是指英国商船使用的旗帜,红色底,左上角有英国国旗图案。
② Owen Rutter, *Red Ensign: A History of Convoy*, London: R. Hale Ltd., 1943.
③ Bryan Ranft, *The Naval Defense of British Sea-borne Trade, 1860 – 1905* (Ph. D. Dissertation), Oxford: University of Oxford, 1967.

论文摘要。笔者曾转托在英国出差的朋友帮忙寻找,但由于受到出差时间和牛津大学图书馆规定等因素的限制,只扫描到论文的目录、摘要和正文的最后一节。虽然未能纵览全文,但是从笔者得到的这部分内容可以看出,兰夫特将海上贸易保护政策视为英国海军在战时的重要职责之一,并将海军战略思想的变化和海军技术的飞跃等因素视为这一时期英国调整海上贸易保护政策的主要原因。

除了直接的探讨外,对于英国的海上贸易保护政策,国外学界在其他几个研究领域中也有所涉及。

一是在对英国海军史的研究中。海军是英国海上贸易保护政策最主要的执行者,自英国海军诞生之时起,保护商船便是它一项非常重要的职责,因此,在海军史的相关论著中,往往会涉及这一问题。

英国历史学家阿瑟·马德所著的《英国海权的剖析:前无畏舰时代的英国海军政策史,1880—1905》[1] 和《从无畏舰到斯卡帕湾:费舍尔时代的皇家海军,1904—1919》[2] 是英国海军历史研究领域非常重要的两部论著。这两部著作以翔实的史料,对这一时期英国海军的技术发展、建造方案、战略思想、政策调整、战术部署以及公众的海军观念等相关内容做了全面的探讨,其中也涉及这一时期海军执行的海上贸易保护政策的调整。马德提出:英国与外部世界之间海上往来的畅通是当时英帝国得以存续的基础,种种迹象表明,在可能发生的战争中,敌国很可能会攻击英国的海上商船。因此,保护海上贸易,就成为19世纪后期至20世纪初英国展开大规模海军建设的最具说服力的理由。在战时如何对海上贸易提供有效的保护,也成为英国海军部门所关注的重点问题之一。

英国历史学家罗杰·帕金森著有《维多利亚时代晚期的海军:前无畏舰时代和一战的起源》[3] 一书,其较为系统地探讨了19世纪后期至20世纪初英

---

[1] Arthur J. Marder, *The Anatomy of British Sea Power: A History of British Naval Policy in the Pre-dreadnought Era, 1880-1905*, London: Frank Cass, 1964.

[2] Arthur J. Marder, *From the Dreadnought to Scapa Flow: The Royal Navy in the Fisher Era, 1904-1919*, London: Oxford University Press, 1961.

[3] Roger Parkinson, *The Late Victorian Navy: The Pre-dreadnought Era and the Origins of the First World War*, Woodbridge: The Boydell Press, 2008.

国海军的相关政策、战略战术调整、军舰建设、技术发展等相关问题。书中提出：19世纪中期以来，由于蒸汽动力在舰船上日益广泛的应用，使得海上战争的特点发生了根本变化，在这个新情况下，护航政策被普遍认为已经不再有效；由于海军部在制定新的海上贸易保护政策上所暴露出的相对滞后性，催生了19世纪80年代一个初级海军参谋机构的出现。该机构在之后英国海上贸易保护政策的确立中起到了关键的作用，并进而对英国大规模的海军建设起到了积极的推动作用。

此外，英国历史学家布赖恩·兰夫特在其《技术变化和英国海军政策，1860—1939》①一书中，系统地探讨了19世纪中期至二战前夕，技术的快速发展对英国海军的相关政策、战略战术、军舰建造等的深远影响，其中也谈到了技术的发展对英国海军所要执行的海上贸易保护政策的影响。兰夫特称，在19世纪，由于技术的快速发展，海军在军事装备上经历了革命性的变化，并因此导致了英国朝野对护航有效性的怀疑和对更合适的海上贸易保护政策的探讨。

二是在对英帝国防御问题的研究中。经过两百多年的经济发展和殖民扩张，英国在19世纪建立起一个称霸全球的大帝国。但是，在19世纪晚期，英国的经济霸权和军事霸权都面临着新兴国家的挑战，帝国的安全和防御问题凸显。英帝国的防御战略体系涉及外交政策、军事建设、机构建设等诸多问题。由于此时期海上贸易之于英国的特殊重要性，对海上贸易的妥善保护也是其中较为重要的内容。

英国历史学家爱德华·梅所著的《帝国防御的法则和问题》②一书，对帝国防御体系中所涵盖的问题，诸如英帝国的基石所在、海陆军在帝国防御中的各自作用及互相影响、军事部署和军事战略、对帝国殖民地等属地的保护、本土的防御、帝国防御的组织等问题做了较为全面的论述，其中也探讨了对英国海上贸易的保护。爱德华在书中提出，在19世纪后期至20世纪初，英国国内对于贸易攻防战的重要性主要有过这样两种看法：第一种看法认为

---

① Bryan Ranft, *Technical Change and British Naval Policy, 1860 - 1939*, London: Hodder and Stoughton, 1977.

② Edward S. May, *Principles and Problems of Imperial Defence*, London; New York: S. Sonnenschein & Co., Ltd., E. P. Dutton & Co., 1903.

战时敌国对英国海上贸易的攻击将使得英国国内生活必需品价格飞涨,导致饥荒、疾病和对国民健康的损害,进而削弱国民的战斗精神,并将使国家面临最灰暗的前景;第二种看法则认为通过摧毁英国的海上贸易来摧毁英国是不可能的,除非英国失去了对海洋的控制。但是,作者强调:无论如何,敌国对英国海上贸易的攻击必将会给英国造成巨大的经济损失并导致国内的物资匮乏和国民生活的贫困,因此,重视对海上贸易的保护是合理的。

此外,英国历史学家唐纳德·麦肯齐·舒尔曼的《帝国防御,1868—1887》① 和肯尼迪·格雷格的《帝国防御:旧世界的秩序,1856—1956》② 等相关论著对海上贸易保护这一问题也有所涉及。

综上所述,对于17世纪中期至20世纪初英国的海上贸易保护政策,国外学界在时段研究上和分析的角度、立场上多有偏颇,这就为进一步全面探讨英国海上贸易保护政策的发展历程以及深入分析其调整动因留下了研究空间。

(二) 国内研究现状

对于英国的海上贸易保护问题,国内关注较多的是二战期间盟国的海上贸易保护政策,如《护航大海战》③ 《二战大西洋破交(护航作战经典系列)》④ 等论著。但是,对于17世纪中期至20世纪初这一时段的英国海上贸易保护问题,只是在一些论著中被简单提及。例如,李兵在其博士论文《国

---

① Donald Mackenzie Schurman, *Imperial Defence*, *1868-1887*, London; Portland, OR: Frank Cass, 2000.

② Kennedy Greg, *Imperial Defence*: *The Old World Order*, *1856-1956*, London and New York: Routledge, 2008. 该书主要探讨了19世纪中期至20世纪中期,英国外交部、财政部、陆军、海军、空军、宗教、宣传舆论、政治领导等要素在英帝国防御中的地位及作用。作为海军的主要职责和重要贡献之一,对海上贸易的保护也在探讨海军问题的章节中被简单论及。

③ 王志强:《护航大海战》(第二次世界大战全程纪实系列丛书),北京:外文出版社,2010年。具体内容包括:猎潜序幕、美国海军参战、盟军掌握主动权、护航空潜大战、北极护航战等。

④ 《二战大西洋破交(护航作战经典系列)》是发表于2003年和2004年《国际展望》杂志上的一系列文章,具体包括:《二战大西洋破交/护航作战经典系列 猎潜英豪 二战英国著名护航指挥官沃克上校传记》《二战大西洋破交/护航作战经典系列 名狼之夜 HX.72护航船队之战》《二战大西洋破交/护航作战经典系列 壮烈的22分钟 "贾维斯湾"号辅助巡洋舰和HX.84护航船队之战》《二战大西洋破交/护航作战经典系列 冰海浩劫 PQ.17护航船队的悲剧》《二战大西洋破交/护航作战经典系列 最后的防御性护航 ONS.154护航船队之战》。

际战略通道研究》① 中，对二战后英国的战略通道思想和政策做了一些探讨，在谈及战后英国对海上通道的保护时，作者对英国以往的海上运输保护政策做了简单概括，称"（英国）通常借助于夺取制海权和护航两种方式"。王本涛的《简析约翰·科洛姆的帝国防御思想》② 一文在介绍约翰·科洛姆的帝国防御思想时提到了对贸易交通线的保护。文章指出，19世纪中期以前，"帝国防御"这个概念很少有人使用，国家防御（National Defence）和殖民地防御（Colonial Defence）两个概念则被频繁使用（两者内涵不同，前者一般指保护英国本土，后者则被认为保护某些殖民地和附属国）。而科洛姆认为殖民地防御和国家防御实质上是一个问题，不应该分开，并强调英国的防御范围应该包括英伦诸岛、所有的自治领和殖民地以及海洋贸易和贸易交通线。因此，保护海上贸易交通线是科洛姆帝国防御思想的主要内容之一。此外，文章也对科洛姆的帝国防御思想做了简单评价。但是，国内尚未有对这一问题更为系统全面的探讨。

三、主要内容

本书的正文部分共分为四章。

第一章主要考察了17世纪中期至19世纪中期英国护航政策的产生、发展历程及其存在的缺陷。在17世纪中期，英国国家军事力量介入对海上贸易的保护，向商船提供护航。之后，经过长期的发展，在18世纪末至19世纪初，英国已经形成了一个较为成熟完备的护航体系。护航曾在保护英国商船的安全方面起到过积极的作用，但是，这一政策本身也包含着一些缺陷，而且，随着英国商船数量的不断增多和造船技术水平的提高，这些缺陷的负面作用愈加明显，这也为之后护航的有效性饱受质疑埋下了伏笔。

第二章主要论述了19世纪70年代英国当局对海上贸易保护政策展开的初步探讨，并分析了英国对该政策进行重新探讨的原因。19世纪中期以后，

---

① 李兵：《国际战略通道研究》，博士学位论文，中共中央党校，2005年。
② 王本涛：《简析约翰·科洛姆的帝国防御思想》，《广西师范大学学报（哲学社会科学版）》2011年第2期。

随着英国产业革命进程的深入和工业化程度的日益加深,海上贸易的畅通已经成为维系英国生存与发展的"必需"。但是,由于技术的发展等种种新情况的出现,使得传统护航政策的有效性受到质疑,于是当局开始探讨更有效的海上贸易保护政策。拉开这一序幕的是时任英国第一海军大臣亚历山大·米尔恩,他在1874年提出了"巡航航路"想法,具有开创性的意义。1878年,卡那封委员会成立,之后,该机构就英国海上贸易的安全问题展开了为期4年的调研,其调研报告对于下一步英国海上贸易保护新政策的形成有着重要的参考价值和指导意义。

第三章的主要内容是19世纪80—90年代英国海军封锁攻击政策的确立和落实。在这一时期,英国出现了一批以科洛姆兄弟为代表的海权主义者。在其思想的影响下,英国海军部逐步放弃了对海上贸易的直接保护,确立了海军封锁攻击的政策。随着国际局势的日趋紧张,19世纪80年代后期,英国开始积极致力于落实这一政策,并具体表现在改进海军备战效率和加强海军建设上。

第四章则主要探讨了20世纪初期至一战以前英国海上贸易保护政策的形成。19世纪末马汉的"海权论"提出以后,海权思想对英国以及法、德等国的海军战略都产生了深远的影响。在此背景下,经过多方调研和慎重考虑,英国形成了一项较为全面的战时海上贸易保护政策,其具体内容包括:第一,掌握制海权是前提;第二,通过"在战时航线沿途特定地点派驻舰队"来对海上贸易提供直接的保护,并对商船在战时的行为做了严格规范;第三,从经济、法律方面采取一些辅助性的措施,这体现出从单纯依靠海军向以海军为主、多方配合的更为全面的政策发展趋向。

四、研究意义

一方面,对英国海上贸易保护政策的探讨有着重要的学术价值。

第一,近代以来海外贸易对英国一直有着重要意义,尤其到19世纪后期,畅通的海外贸易已成为维系其经济繁荣乃至国家存续的根本保障。由于英国岛国的地理特点,它与外界的贸易往来必须通过海洋进行,所以保护其海上贸易的安全是近代英国政策考虑中的一项重要内容。同时，这一问题也涉及英国经济、军事、外交等多个方面。因此，对该问题的探讨，有助于更深入理解和认识近代英国经济、军事、外交等多方面相关政策的成因和作用。

第二，近代以来，造船技术、武器装备、军事战略思想等的发展变革是推动海上贸易保护政策调整的重要因素，而该政策的调整也必然会对海军的建设和部署等产生重大影响。因此，对该问题的探讨，对于军事史和海洋史领域的学术研究有一定助益。

第三，19世纪中期以后，随着德、美、法等国经济和海军实力的日渐崛起，英帝国的经济霸权和军事霸权开始受到挑战，帝国的安全和防御问题凸显。帝国主义国家间由于全球范围内的殖民冲突和利益争夺而矛盾重重、危机频发。鉴于海上贸易对于当时英国的特殊重要性以及其他战略考虑，法、俄等国对英国表现出明显的贸易攻击战意图。而此时对海上贸易的攻防，牵涉海军的部署调动、海外加煤站的设置和使用、中立国港口及加煤站的使用、各国或各公司海底电缆的使用和铺设、国际条约的相关规定等。因此，就该问题展开的相关探讨，对于近代国际关系史的研究也有一定助益。

另一方面，对该问题的探讨还具有较为重要的现实意义。2013年9月和10月，中国国家主席习近平在出访中亚和东南亚国家期间，先后提出了共建"丝绸之路经济带"和"21世纪海上丝绸之路"的重大倡议。2015年3月，国家发展改革委、外交部、商务部联合发布《推动共建丝绸之路经济带和21世纪海上丝绸之路的愿景和行动》，提出"21世纪海上丝绸之路重点方向是从中国沿海港口过南海到印度洋，延伸至欧洲；从中国沿海港口过南海到南太平洋"。①"海上丝绸之路"的主要航运线路穿过了世界上恐怖活动最为猖獗的几大地区——南亚、西亚和东非。此外，据国际海事组织公布的"1984—2013年全球海盗活动的地区分布及变化趋势"统计图显示，2010年之后，尽管全球海盗活动总体数量呈持续下降趋势，但东非、南海、印度洋等地区的海盗活动仍然数量较多且增长迅速。而值得注意的是，这些地区全

---

① 国家发展改革委、外交部、商务部：《推动共建丝绸之路经济带和21世纪海上丝绸之路的愿景与行动》，《人民日报》2015年3月29日。

部处于"海上丝绸之路"的重点覆盖范围之内。① 如前文所述,在19世纪中后期,英国海上贸易的畅通与否已经成为决定英国经济兴衰乃至国家存亡的重要问题。同样,在当前确保"海上丝绸之路"的畅通也具有非常重要的意义。正如中国国际经济交流中心咨询研究部王军副部长和中国国际经济交流中心李锋副研究员所认为的:建设21世纪"海上丝绸之路"是我国适应经济全球化新形势、扩大同各国各地区利益汇合点的重大战略,是构建开放型经济新体制的重要举措。② 因此,如何能够确保"海上丝绸之路"的安全畅通,是一个不容回避且需要得到充分重视的问题。

虽然本书探讨的重点是英国战时海上贸易保护政策的调整,但其中许多内容,诸如对护航政策的介绍和论述、探讨相关政策时需要考虑到的多种因素、对海权思想的相关论述、海军力量在海上贸易保护中的角色和作用、如何应对技术飞速发展给海上贸易保护带来的重大影响等,对于和平时期海上贸易的安全保护问题也有一定的参考价值。

---

① 李骁、薛力:《21世纪海上丝绸之路:安全风险及其应对》,《太平洋学报》2015年第7期。
② 王军、李锋:《通过六大战略支点打造21世纪"海上丝绸之路"》,《证券日报》2014年2月25日。

第一章

护航的出现与发展

（17世纪中叶至19世纪初）

作为一个岛国，英国从事海上贸易的历史非常久远，其海上贸易商船的保护问题亦可追溯至诺曼征服①之前。在相当长的一段时间里，英国商船主要依靠结伴航行来抵御旅途中被劫掠的风险。但在17世纪中叶，随着英国海外贸易的扩张及其重要性的提高，英国开始为商船提供军舰护航，之后直至19世纪前期，护航都是英国最为主要的海上贸易保护政策。从17世纪中叶至19世纪前期，护航经历了商船自愿基础上的护航和强制性的护航这两个发展阶段。

第一节 英国早期的海上贸易保护和
17世纪中叶护航的出现

英国的海上贸易保护早在11世纪就已出现，至17世纪中叶，由于英国殖民扩张和海外贸易的需要、新型劫掠船的出现、英国海军自身力量增强等因素的影响，官方开始加大对海上贸易商船的保护力度。

---

① 诺曼征服（Norman Conquest），是指1066年作为法国君主之难以羁服之封臣、其父辈曾经与英王有姻亲关系的诺曼底公爵——征服者威廉跨海征服英格兰，即位为威廉一世（William Ⅰ，1028-1087），并将英格兰和大陆诺曼底公爵领地整合为一体，实行跨海而治，与法国王权相抗衡。英国历史上的诺曼王朝因威廉的胜利而开始。钱乘旦主编，孟广林、黄春高著：《英国通史》（第二卷 封建时代——从诺曼征服到玫瑰战争），南京：凤凰出版传媒股份有限公司、江苏人民出版社，2016年，第1、3—4页。

近代英国海上贸易保护政策的演变（17世纪中叶至20世纪初）

一、英国早期的海上贸易保护

早在诺曼征服之前，英国就已经出现了进行海上贸易的商船。当然，那时英国海外贸易的范围非常有限，主要是向欧洲大陆运送羊毛等货物，从佛兰德斯①运回纺织品，从加斯科涅②和阿基坦③的葡萄园运回酒等。④

在那个时期，对于贸易商船的保护实行这样一个古老的惯例：在需要时国王会号召沿海岸各城镇提供船只和水手来护送贸易商船。例如，在1204年，由于法国国王菲利普·奥古斯塔斯（Philip Augustus，1165-1223）从英国国王约翰一世（John Ⅰ，1166-1216）手中夺走了诺曼底，通过英吉利海峡的英国贸易不再像以往那么安全，⑤英王便采取此惯例对商船进行保护。⑥

除了这个惯例外，船东也会在自己的商船上采取一些增强船只防御性能的措施，并要求每一位水手自己配备护甲和武器，以便在需要时为船只的安全战斗。⑦

在英王爱德华三世（Edward Ⅲ，1312-1377）在位期间（1327—1377），行驶在海上的英国商船面临着非常严重的被劫掠的危险。在这种情况下，爱德华三世下令禁止英国商船单独出海，要求他们在海上必须多艘结伴航行。但是，他的这项命令并未被商船严格遵守，以致"越来越多的商船处于令国王和国家蒙羞的危险之中"。因此，1336年爱德华三世再次颁发条令，称

---

① 佛兰德斯（Flanders），西欧的一个历史地名，泛指古代尼德兰南部地区，位于西欧低地西南部、北海沿岸，包括今比利时的东弗兰德省和西弗兰德省、法国的加来海峡省和北部省、荷兰的泽兰省。中世纪初期，毛纺织手工业在佛兰德斯发展起来。11世纪的时候，它发展成欧洲最富有的地区，当地人从英国进口羊毛，纺成面料卖给欧洲大陆。13—14世纪时它成为欧洲最发达的毛纺织中心之一。
② 加斯科涅（Gascony），法国西南部一地区的古称，以酿造葡萄酒而闻名。
③ 阿基坦（Aquitaine），法国西南部地区，是传统的葡萄酒酿造地。
④ Owen Rutter, *Red Ensign: A History of Convoy*, p.10.
⑤ 诺曼征服后，因为英王威廉一世和他的继承者同时也是诺曼底公爵（Dukes of Normandy），英吉利海峡完全处于他们的控制下，所以，在大约一个多世纪里，英国的海上贸易经历了一个相当安全的时期。（Owen Rutter, *Red Ensign: A History of Convoy*, p.11; John Winton, *Convoy: The Defence of Sea Trade, 1890-1990*, p.12.）
⑥ John Winton, *Convoy: The Defence of Sea Trade, 1890-1990*, p.12.
⑦ Owen Rutter, *Red Ensign: A History of Convoy*, p.10.

第一章　护航的出现与发展（17世纪中叶至19世纪初）

"为了他们（即商船）自己的安全和维护国王和国家的荣誉"，出海的商船先要在指定位置集合，从泰晤士河以西出发的商船的集合地为朴次茅斯，从泰晤士河北部港口出发的商船的集合地为奥威尔。而后，由国王派遣官员统一安排和检查商船的武装、食水供给等事宜。之后，商船将以"大规模船队的形式"往返。如果商船在途中擅自脱离船队，其船长将会受到严重的处罚。同时，英王爱德华三世还命令驻商船目的地的英国官员，当船队到达后，他们要负责集结商船，以便它们能够结伴回程。①

之后直至17世纪初，结伴航行成为保护英国海上贸易商船安全的主要办法。② 其基本情形为：商船对自己进行武装，而后结伴出航，并从商船船长中推举出临时指挥官③统领整个船队。此外，在需要时，船队也可出资雇佣额外的护送船只，这种情况在14世纪时较为常见。

在商船的结伴航行中，英国官方担当了管理者和监督者的角色，在确保船队安全、有序地航行上发挥了较为重要的作用。其主要作为如下。

第一，英国官方为结伴航行制订出种种细则。例如，官方规定，参与结伴航行的每艘商船都要根据其水手人数，装备上枪支等武器；如果遇到危险，商船必须并肩作战，如果有商船临阵脱逃，船队返程后，其船长将受到惩罚。④ 此外，官方还规定，从英国本土出发的商船先要在官方指定的地点集结。例如，在伊丽莎白一世时期（1558—1603年在位），来自伦敦、伊普斯威奇⑤和哈里奇⑥的商船的集合地点是泰晤士河口。之后，商船根据目的地的不同各自组成船队，并选举出临时指挥官。而后，船队中的所有人，包括所

---

① Owen Rutter, *Red Ensign: A History of Convoy*, p. 12.
② 1576年，在伊丽莎白一世（Elizabeth Ⅰ, 1533-1603）在位期间，由于与西班牙的战争导致的海上危机，英王又颁布了"船只结伴航行条令"（Articles of Consortship），进一步强化了官方对于结伴航行的规定，称，"为了更好地保护商船的安全，抵制侵扰和劫掠，为了使海洋在混乱和战争危险中仍能保持秩序，同一个船队中的船只和人员，必须结伴航行、互相保护、集体合作，不能擅自离开，直至到达目的地"。(Owen Rutter, *Red Ensign: A History of Convoy*, p. 24.)
③ 临时指挥官的数量一般由船队的规模而定，大规模船队一般为两位临时指挥官，英王分别授权他们第一指挥官和第二指挥官的权力，小规模船队一般选举一位临时指挥官。临时指挥官们从船队的商船那里收取一定费用作为酬金，开始时数额较高，在伊丽莎白一世时期已经降到所护送货物每桶收取1便士。(Owen Rutter, *Red Ensign: A History of Convoy*.)
④ H. A. Smith, *The Law and Custom of the Sea*, London: Stevens, 1959, pp. 205, 261.
⑤ 伊普斯威奇（Ipswich），英国东部重要港口。
⑥ 哈里奇（Harwich），英国东部重要港口。

有的船长、商人、水手等要在官员面前发誓①,保证在航程中会行为良好、听从临时指挥官的号令等。最后,他们将结伴起航直至到达目的地。如果是在本土以外,当商船完成交易后要继续航行或返航时,其需要在指定地点等待商船集结到一定数量后,选举出临时指挥官并按照惯例进行宣誓,而后结伴出航。例如,在伊丽莎白一世时期,从安达卢西亚②、巴约讷③等地等待返航的船只先要在加的斯湾④集合,直布罗陀及其附近港口的船只则在直布罗陀的锚地⑤集合;如果集结船只的数量不少于8艘,他们就可以推举出一位船长担任最高指挥官,并发誓:在到达目的地之前,除非是不可抗拒的天气原因,他们将不会破坏结伴航行,而后,便可结伴出航。如果船只的数量不足8艘,按照官方规定,他们必须继续等待其他船只的到来。⑥

第二,英国官员为商船出航前的宣誓行为担任见证人。如前所述,在商船船队出航之前,参与航行的所有人员,都要在政府官员面前为自己在即将开始的航程中的行为宣誓。例如,1416年,一支装载着酒的船队从法国波尔多返航。在返航前,船队推举出"克里斯多夫"号商船的船长约翰·夏普担任临时指挥官。随后,所有参与航行的人员在英国驻波尔多的官员面前宣誓,承认约翰·夏普为他们的统领,并保证将结伴航行、互相帮助直至回到英国。再如,1542年,一支船队在前往西班牙之前,商船船长们在海军部官员面前宣誓。来自伦敦的"幸运玛丽"号商船的船长托马斯·林奇发誓:他的船只将跟随克里斯托弗·贝内特(这支船队的临时指挥官)直至到达目的地,并保证,当他完成在西班牙港口的交易之后,他仍将结伴"向前航行或者返回"。⑦"玛丽·凯瑟琳"号商船的船长则发誓道:他将不会对临时指挥官进行任何的欺骗,除非指挥官有令,否则他不会擅自改变航线,也不会擅自停

---

① 大约到16世纪前期,水手们不再被要求参与发誓,但是他们必须要对临时指挥官和同行的伙伴忠诚,在当时这已成为约定俗成的惯例。
② 安达卢西亚(Andalusia),西班牙南部历史地理区域。
③ 巴约讷(Bayonne),法国西南部港市。
④ 加的斯湾(the bay of cadiz),西班牙西南部海湾。
⑤ 锚地,指供船舶停泊、避风或进行各种水上作业所规划的水域,可分为装卸锚地、停泊锚地、避风锚地、引水锚地、检疫锚地等。
⑥ Owen Rutter, *Red Ensign: A History of Convoy*, pp. 24-25.
⑦ Ibid., pp. 16, 20-21.

第一章 护航的出现与发展（17世纪中叶至19世纪初）

靠任何港口。他保证将用所有的"力量、知识和经验"，向指挥官和所有"结伴航行的英国船只"提供帮助，并保证将命令他的手下们同样地服从。①

第三，英国官员为商船结伴航行时发生的纠纷担当裁决者。如果在航行途中遇到危险，誓言的约束力是极其有限的，②当因为违反誓约而引起纠纷时，官方便会担当起裁决者的角色。例如前面提到过的1416年从波尔多返航的运酒船队在回国途中，临时指挥官约翰·夏普的"克里斯多夫"号商船遭到几艘法国武装船只的攻击，按照誓约，同行的其他商船应提供援助、共同作战，但是他们弃他而逃。最后，"克里斯多夫"号被俘获，船上装载的240桶酒也成为对方的战利品。事后，"克里斯多夫"号商船的船主向议会递交了一份申诉书，声称船只的损失对他们来讲是"毁灭性的灾难"，也是"国家的耻辱"，同行的其他商船应该对他的损失负责任。下议院将申诉书呈递给国王亨利五世（Henry V，1386-1422），国王下令将所有在现场的人传唤到他面前，并在几位法官的陪同下一起听取了证词，最后做出如下裁决：与"克里斯多夫"号同行的其他商人和船长要负责赔偿其损失，并要被处以监禁。再如，1617年，曾有这样一个案例被交于海军部法庭裁决：一支由10艘船只组成的船队在纽芬兰③海域完成他们的捕鱼作业后满载而归，在进入距马拉加④25英里左右的海域时，受到了一些由土耳其人和"其他海域的强盗"操纵的劫掠船的追击，船队中的"真爱"号和"繁荣"号成为被攻击的目标，这时，船队中的其他船只没有按照誓约去帮助他们的伙伴，反而以最快的速度逃走。经过四个小时的激战，"繁荣"号成功逃脱，"真爱"号则惨遭洗劫并被烧掉。"真爱"号的船长罗伯特·戴蒙回到英国后，向海军部法庭控告"乔纳斯"号的船长罗伯特·哈姆斯，声称在这场事件中，罗伯特·哈姆斯的行为"体现出最为明目张胆的背叛"，如果哈姆斯给予了他曾承诺过的帮助，"真爱"号可能会幸免于难。听取了证词后，海事部法庭的法官亨利·马腾认为

---

① H. A. Smith, *The Law and Custom of the Sea*, p. 152.
② 正因为此，在都铎王朝时期（1485—1603），为了确保商船船长在航行中行为良好，英国官方曾经一度要求商船船长在出航前缴纳一定数额的保证金。例如，在1590年，"五月花"号商船在加入一支前往法国大西洋诸港口的船队时，其船长支付了100英镑的保证金。（Owen Rutter, *Red Ensign: A History of Convoy*, p. 25.）
③ 纽芬兰（Newfoundland），加拿大东北部岛屿。
④ 马拉加（Malaga），西班牙南部港市。

哈姆斯已经违背了他的誓约,并裁决他向戴蒙船长支付300英镑的赔偿金。①

对于结伴航行在保护贸易商船安全上究竟起到了多大的作用,是很难去具体量化的。但是,正如英国历史学家欧文·拉特所评论的那样,"至少,商船结伴航行要比单独航行安全得多"。

在17世纪中叶以前,除了结伴航行这一主要的海上贸易保护办法外,英国还曾经对海上的劫掠船进行直接打击,以降低商船航行时所面临的危险。例如,在亨利五世逝世后,劫掠船对英国商船的掠夺活动一度非常猖獗。这些劫掠船并不完全来自国外,还有相当一部分是英国本国的"冒险者",他们同本地贵族勾结在一起,分享战利品。英王曾经命令康沃尔地区的贵族去调查本地海盗的行动,但许多人自身就是劫掠行为的获益者,调查自然难以取得有效结果。到了15世纪后期,这种情况不断恶化,其情形正如一位大臣向国王汇报时所说:"许多海盗船、私掠船、被流放者和歹徒罪犯们的船只,装扮成军舰的样子,每日在海上忙于袭击、劫掠、损坏我们忠诚臣民们的船只,成为制造恐怖的事物,我们国王的尊严被蔑视,这是难以忍受的耻辱,它伤害了我们自己的臣民以及向我们求助的其他商人。"②

在这种情况下,为了打击劫掠船的猖獗活动,英王采取了两项措施。其一,限制本国商船从事海盗活动。为了阻止本国船只的海盗行径,1484年英王理查三世(Richard Ⅲ,1452-1485;1483—1485年在位)向各海港发布了一项公告,要求商船船长先要签订契约保证自己的船只在海上会"行为良好",并且缴纳一定金额的保证金,其才能够被放行。这项条令长期有效。例如,在1563年,商船"约翰-阿普雷德"号在出海前,船长马丁·弗罗比舍签约保证自己的船只将不会去"侵扰、抢劫我们国王臣民的船只和与我们国王亲善的人的船只,不给他们制造麻烦,不令他们感到担忧",并为此缴纳了500英镑的保证金。③ 其二,英国还派遣船队主动清理海上的私掠船。例如,1511年英王亨利八世(Henry Ⅷ,1491-1547;1509—1547年在位)就曾命令大臣约翰·霍普森率领一支船队去清理海上的私掠船。④

---

① Owen Rutter, *Red Ensign: A History of Convoy*, pp. 16, 35-36.
② Ibid., p. 19.
③ H. A. Smith, *The Law and Custom of the Sea*, p. 173.
④ Owen Rutter, *Red Ensign: A History of Convoy*, p. 19.

但是，需要认识到，在 17 世纪中叶之前的绝大多数时间内，英国商船在海上的安全主要还是依靠船队的协作和自身的武装，官方力量尤其是军事力量的介入是非常有限的。究其根源，应是此时英国经济基本能自给自足，海上贸易于英国而言只是"奢侈品"而非"必需品"，因此，英王认为他只需在必要时刻给出军事帮助即可。

二、17 世纪中叶护航出现的原因

从 17 世纪中叶开始①，英国官方开始在需要时向商船提供军舰护航，以加大对海上贸易商船的保护力度。英国采取这一举措的主要原因如下。

第一，随着英国殖民势力的扩张和海外贸易范围的进一步延伸，海上贸易给英国带来了丰厚利润，成为英国财政收入和国内资本原始积累的重要资金来源。大约从 16 世纪后期开始，随着国内商品经济的迅速发展和对重商政策的普遍尊崇，英国积极致力于拓展海外殖民地、发展海外贸易。此前汉萨②商人控制了英国相当大份额的进出口贸易，这伤害了英国商人的利益，也激起了英国人的不满和反抗。16 世纪后期，英国采取措施，逐步限制和废除汉萨商人的特权。1598 年，汉萨同盟在伦敦的斯蒂尔亚德③的使命彻底完结，汉萨商人最后被逐出英国，从而充分保障了英商对国内市场的占领。英国伊丽莎白政府还通过外交谈判、签订商约等方式，确保英商在国外活动的有利条件；同时还授权英国驻外使节向驻在国政府提出英商诉求，制止外国商人和外国政府对英商的排斥、迫害。1579 年、1580 年和 1581 年，伊丽莎白一世分别致函丹麦国王、波兰国王及土耳其苏丹，要求对方为英国公司和商人在当地的活动提供方便，并给予优惠待遇。伊丽莎白一世的重臣雷利曾对当时海上贸易的重要性做出这样的评价："谁控制了海洋，谁就控制了世界贸

---

① 据笔者所见史料，始于 17 世纪 50 年代。
② 汉萨（Hanse），德文意为"公所"或者"会馆"。汉萨同盟是德意志北部城市之间形成的商业、政治联盟，其垄断波罗的海地区贸易，并在西起伦敦、东至诺夫哥罗德的沿海地区建立商站，实力雄厚。该同盟 1293 年成立，14 世纪达到兴盛，15 世纪转衰，1669 年解体。
③ 为了促进英国商业的发展，亨利二世和理查一世在 1157—1194 年先后颁令，授予汉萨商人在伦敦极其优惠的经营特权。在当时英国王室的支持下，汉萨商人于 1320 年在泰晤士河畔设立了汉萨同盟四大贸易商站之一的伦敦商站，即斯蒂尔亚德（Steelyyard）。

易,而谁控制了世界贸易,谁就控制了地球的财富和地球本身。"[1] 到17世纪中期,英国的贸易触角已经逐渐深入到世界各地,与俄国、东印度、非洲西北部和西部地区、美洲殖民地等国家和地区都有贸易往来,并通过俄罗斯公司、东印度公司、黎凡特公司、非洲公司等特许贸易公司进行垄断性贸易。这给英国国家带来了丰厚的收益,据英国经济学家查尔斯·达维南特(Charles Davenant,1656-1714)的估算,英国的国家财富在1600年时是1700万英镑,1630年是2800万英镑,1660年已增至5600万英镑,到1688年则高达8800万英镑,而且,对外贸易是此时期英国财富增值的最主要来源。他还指出,在英国资产阶级革命期间(1640—1688),虽然英国国内经济状况不佳,但国家财富总额仍实现年均增值200万英镑,其中约90万英镑得自于英国与其殖民地之间的贸易收益,约60万英镑来自英国与东印度的贸易收益,约50万英镑来自英国与欧洲诸国之间的贸易收益。[2] 国家财富的积累,为英国后来向工业强国发展提供了重要的资本保障。

第二,新型劫掠船的出现,对结伴航行的有效性提出了严峻挑战,使英国海上贸易的安全面临严重威胁。这种情形迫切要求英国增强对其海上贸易的保护力度。在17世纪之前,由于造船水平的低下和造船技术发展的缓慢,船只间的性能差别并不明显,劫掠船其实就是装备上武器的商船,因此,结伴航行的商船船队凭借自己的武装便能够对付它们。但是,在伊丽莎白一世统治末期,佛兰德斯的一些港口开始建造一种被称为"敦刻尔克船"(Dunkirkers)的新型船只,它们专为劫掠商船的目的设计制造,装备有更强大的武器,其速度更快、动作也更加灵活,普通商船既难以与之抗衡,也难以从它的追击中逃脱。"敦刻尔克船"在英吉利海峡和北海海域对英国的海上贸易造成了严重的破坏,商船船东们为此曾多次请求英王提供军舰护航。

第三,英国海军将领提出了护航的建议。在17世纪初期,英荷关系日趋紧张,战争危险加剧,英国海军将领在探讨战时海军战略时曾提出护航的建议。比较有代表性的是英国海军将领威廉·蒙森(William Monson,1569-

---

[1] T. K. Rabb, *Enterprise and Empire: Merchant and Gentry Investment in the Expansion of England, 1575-1630*, Cambridge: Harvard University Press, 1967, p. 15.

[2] [英]达维南特:《论英国的公共收入与贸易》,朱泱、胡企林译,北京:商务印书馆,1995年,第160、161、236—238页。

1643)。他在一篇题为《英荷战争爆发后英国作战的前景》的文章中提出：在战争中英国应对运煤船进行护航。文章说，如果英荷战争爆发，为了确保运煤船能安全抵达英国，必须要采取以下措施：在建造运煤船时在甲板上留下足够的空间，以安放舰炮等军备设施；运煤船要结伴出航；要派遣训练有素的军舰向他们提供护航；运煤船应紧靠海岸航行，如果受到攻击，他们应驶向港口，以获得来自海岸的帮助。①

第四，英国海军实力的发展，使得英国官方具备了向商船提供护航力量的能力。由于战争和海外扩张的需要，亨利八世和伊丽莎白一世都对海军的建设给予了很大重视，英国海军在军舰数量、武器军备、适航性、行政管理、水手素质以及战术等方面都有了长足进步，② 并在 1588 年击败了西班牙的"无敌舰队"。在 17 世纪，英国军舰的建造技术得到进一步发展，建造出更大规模、能够装载更多士兵和武器的军舰。而且，新型军舰所载舰炮的攻击力也有了较大的提高，能够打碎敌方船只的船壳。③ 英国海军实力的发展，使得英国官方具备了向商船提供护航的可能性。

在诸多因素的推动下，1652 年，英国已经开始向商船提供军舰护航。其具体情形如下：在 17 世纪中叶英国内战④结束后，从 1649—1653 年，英国经历了一个短暂的共和国时期。1652 年，由于北非海域海盗船的猖獗活动，英国的海上贸易遭受了严重损失，英国政府决定拨款 19.4 万英镑，派遣一些军舰在阿尔及利亚附近海域巡航，并向往返于英国和黎凡特⑤地区之间的商船船队提供军舰护航。⑥

---

① Owen Rutter, *Red Ensign: A History of Convoy*, pp. 34-35.
② 在爱德华六世（Edward Ⅵ, 1537-1553；1547—1553 年在位）和玛丽一世（Mary Ⅰ, 1516-1558；1553—1558 年在位）统治时期，英国的海军力量出现了一定程度的倒退。
③ Jon Tetsuro Sumida, *In Defence of Naval Supremacy: Finance, Technology and British Naval Policy, 1889-1914*, Boston: Unwin Hyman, 1989, p. 4.
④ 英国内战（English Civil War），是指 1642—1649 年英国议会派与保皇派之间发生的一系列武装冲突及政治斗争，斯图亚特王朝的查理一世最后被送上断头台。内战结束后，1649—1653 年，英国经历了一个短暂的共和国时期。1653—1659 年，英国确立了军事专政性质的护国公制度，克伦威尔及其子先后任护国公。1660 年斯图亚特王朝复辟，查理二世重新开始了对英国的君主统治。
⑤ 黎凡特（Levant），历史地理名称，指西亚地中海东岸的大部分地区。狭义来讲，它等同于叙利亚的历史区域，包括当今的叙利亚、黎巴嫩、约旦、以色列、巴勒斯坦和幼发拉底河东南部的土耳其大部分地区；广义来讲，它包括整个地中海东部及其岛屿，即东地中海沿岸的所有国家。
⑥ Owen Rutter, *Red Ensign: A History of Convoy*, p. 38.

这项措施标志着英国海上贸易保护政策的一个重要变化,即英国的官方军事力量开始正式介入对海上贸易的保护,为其提供护航。之后直至19世纪前期,护航一直都是英国最主要的海上贸易保护政策,其具体的发展历程可以分为两个阶段:第一个阶段从17世纪中期(1652年)至18世纪后期,是在商船自愿基础上的护航;第二个阶段从18世纪后期至19世纪前期,在这一时期,强制性的护航政策形成。

第二节 护航政策发展的第一个阶段 (17世纪中期至18世纪后期)
—— 商船自愿基础上的护航

从17世纪中期(1652年)至18世纪后期,英国护航政策的基本特点如下:在战争时期,国家一般会主动向商船提供护航;在和平时期,则一般是商船在需要时向官方提出申请,官方视具体情况决定是否提供护航船只;为加强护航旅程的安全性,在起航之前,负责执行护航任务的海军将领要将本次航程的信号、暗语等内容形成护航秘密条令,发放到每一位商船船长手中;对于护航官兵职责的履行,官方有着较为严格的纪律;但是,对于商船一方,他们是否愿意听从将领的指挥,是否愿意跟随护航编队,基本上靠其自觉,如果他们违反海军将领的命令,也不会对其进行处罚,"商船自愿"也是这一阶段护航政策最为显著的特点。其具体情形将在下文做以介绍。

一、战争时期和和平时期的护航安排

从17世纪中期至18世纪后期,当商船在战时面临敌方海军或私掠船的劫掠危险时,官方一般都会向商船提供护航,并制定出较为严密妥善的护航安排。

例如,在第一次英荷战争即将爆发之时,英王查理二世(Charles Ⅱ, 1630-1685)曾下令给多艘军舰的舰长,命令他们护送从泰晤士河前往苏格兰、爱

第一章　护航的出现与发展（17 世纪中叶至 19 世纪初）

尔兰、奥斯坦德①、雅茅斯②、赫尔③和布雷斯特④等地的英国商船船队。在这次战争期间（1652—1654），英国护航的基本做法如下：政府在本土和海外指定一些港口作为商船的集结地，例如，在波罗的海等待返航的所有英国商船都要先在埃尔西诺⑤锚地集合；商船到达指定集结地后，应在那里等待护航船只到达，而后在护航船只的护送下出航或返航。对于一支船队，一般会派遣一至两艘船只护航，用于护航的船只既有海军军舰，也有武装商船⑥。另外，除了海外贸易外，英国对沿本土海岸航行的运煤船也进行护航，由于战争期间在北海海域有荷兰舰队巡航，英国意识到需要为定期往返于纽卡斯尔⑦和泰晤士河口之间的运煤船进行护航。例如，1652 年 2 月底，海军将领约翰·霍西尔舰长就曾奉命率领一支由 6 艘军舰组成的舰队去执行这项任务。他护送运煤船队到达纽卡斯尔后，发现有近 500 艘运煤船等待被护送返航，所以，官方紧急加派了 7 艘护航船只，并任命"比尔"号的舰长皮特·玛瑟姆为指挥官。4 月 4 日，玛瑟姆率领 13 艘军舰护送着一支由将近 500 艘运煤船组成的庞大船队返航。⑧

在第二次英荷战争期间（1665—1667），英国也曾派遣一支舰队负责护送前往波罗的海的贸易商船，同时又派遣另一支舰队负责保护前往地中海的莱戈恩⑨等港口的商船，对沿本土海岸航行前往纽卡斯尔的运煤船队提供往返的护航保护，并对通过英吉利海峡的商船船队提供护航保护。

除了护航本国商船外，英国海军还开始接纳盟国商船的护航请求。这种情况最先出现在英西战争期间（1739—1748）。在这次战争期间，为了照顾英国的盟国荷兰，英国政府规定：如果盟国的商船提出申请，英国执行护航任

---

① 奥斯坦德（Ostend），比利时西北部港市。
② 雅茅斯（Yarmouth），现加拿大新斯科舍省西南部港市。
③ 赫尔（Hull），英格兰东北部港市，全称"赫尔河畔金斯顿"（Kingston upon Hull）。
④ 布雷斯特（Brest），法国西北部港市。
⑤ 埃尔西诺（Elsinore），又称赫尔辛格（Helsingør），丹麦东部港市。
⑥ 武装商船（Armed Merchantman），亦称辅助军舰，是指国家将租借或者购买来的符合要求的商船进行改装，并装备上武器，作为军舰使用。也存在这种情况：在商船建造前，造船商便按照政府要求进行设计建造，以备该船只在战时被改装成武装商船。（参见维基百科：http://en.wikipedia.org/wiki/Armed_merchantman）武装商船属国家海军序列，所以，在本书中，武装商船也被统称为军舰。
⑦ 纽卡斯尔（Newcastle），英国英格兰东北部港市，全称"泰恩河畔纽卡斯尔"。
⑧ Owen Rutter, *Red Ensign: A History of Convoy*, pp. 38, 41, 47.
⑨ 莱戈恩（Leghorn），又称利沃诺（Livorno），意大利西部港市。

近代英国海上贸易保护政策的演变（17世纪中叶至20世纪初）

务的海军将领应该接受其进入护航编队。但是，护航将领对此表现出一些抵触情绪，例如，一些荷兰商船船长们曾向英国海军部抱怨，他们在从里斯本①起航时，曾申请加入一支英国护航编队，但被指挥官拒绝。为此，海军部下令申斥这支编队的指挥官即"优秀"号军舰的舰长塞缪尔·巴林顿："必须要将国王盟友的所有船只置于保护之下，如果他们的船长提出要求的话。"② 之后，这项规定逐渐成为战争惯例。

即使在和平时期，英国的商船也经常会面临海盗船的威胁。例如，17世纪70年代，在第三次英荷战争（1672—1674）结束后的那段和平时期，来自奥斯坦德的劫掠船对往来于英国与法国敦刻尔克之间的贸易商船造成了很大的威胁。从英国前往葡萄牙的贸易商船也受到西班牙劫掠船的攻击，一位商船船长曾这样描述他的遭遇：在从波尔多起航后，他被劫掠船俘虏，并被木棒敲打，直至浑身青紫，又被绑在一根木柱上，面朝烈日，几条在硫黄中浸泡过的布条悬挂在他的鼻子下，最后他被带至圣塞瓦斯蒂安③关押。④ 再如，在18世纪40年代，英国在英西战争结束后进入了为期八年的和平时期。⑤ 在这期间，加勒比海海域的海盗活动尤为猖獗。1750年，英国海军将领查尔斯·米德尔顿曾在一份备忘录中这样描述加勒比海的海盗："他们无所畏惧……在马提尼克岛⑥，所有的生活必需品都是缺乏的，他们（指海盗）指望通过劫掠行为获得任何东西。对他们来讲，我们数量众多的贸易商船是太大的诱惑……他们用从我们这里俘获的船只去对付我们，或者将这些船只拖到港口卖掉……"⑦

所以，即使是在和平时期，商船也会向官方请求护航。但是，出于财政方面的考虑，在和平时期，英王一般不愿向普通商船提供护航。如前所述，在17世纪70年代，来自奥斯坦德的劫掠船活动猖獗，前往敦刻尔克的一些

---

① 里斯本（Lisbon），今葡萄牙的首都，位于伊比利亚半岛西南部，曾是当时欧洲最兴盛的港口之一。
② Owen Rutter, *Red Ensign: A History of Convoy*, p. 62.
③ 圣塞瓦斯蒂安（San Sebastian），西班牙东北部港市。
④ Owen Rutter, *Red Ensign: A History of Convoy*, p. 55.
⑤ 即1748—1757年。1757年，七年战争爆发。
⑥ 马提尼克岛（Martinique），加勒比海中的一个海岛，海盗的巢穴之一。
⑦ Owen Rutter, *Red Ensign: A History of Convoy*, p. 64.

第一章 护航的出现与发展（17世纪中叶至19世纪初）

英国商船因此向政府申请护航，但是，其申请被以下理由拒绝："考虑到国王现在的财政困难，现在不应再增加他的支出……对于国王来说，这项开支，即在和平时期给予他臣民的每一艘需要保护的船只以护航，过于沉重了。"①

当然，在某些紧迫时刻，面对商船的迫切要求，英王也是会同意提供护航的。这时，为了减少开支，海军部往往会非常紧密周全地安排护航行程，以期用最少的力量达到目的。例如，海军部委员会的一份会议记录提到了海军部对1677年地中海海域的一次护航安排非常严密紧凑，具体内容如下："为了避免因杂乱的护航安排而导致国王开支的不必要增加……特此决议：派遣两艘性能良好的军舰全速航行至意大利的加里波利②，去护送那里及周边港口的英国商船前往凯法利尼亚岛③会合，约翰·纳伯勒舰长将护航另一支船队于4月10日到达凯法利尼亚岛，4月15日，纳伯勒舰长将带领所有聚集在那里的船只返程。"④

此外，在这一时期，随着英国海外贸易的进一步扩张，大型的贸易特许公司纷纷建立。一般情况下，像东印度公司这样的大型公司的商船无论是在装备还是性能上都是比较优良的，所以，他们经常会在没有海军护送的情况下航行。但是，在一些危险时期，他们也会向官方申请护航。由于贸易公司的商业活动给英国带来了丰厚利润，所以，对于这些公司的护航申请，官方一般是批准的。例如，1684年帝国非洲公司的商船受到了劫掠船的侵扰，应公司董事们的请求，英王查理二世同意派遣约翰·卡斯特尔舰长带领军舰"橘子树"号去保护该公司的商船，并在没有护航任务的时候在危险海域巡航，还被授予了"捕获、拘留所遇到的所有私掠船和海盗船的权力，无论其是英国的船只或是其他国家的船只……如果他们拒绝投降，他可以使用武力，即使这可能会造成劫掠者的死亡或伤残"。⑤再如，1777年6月东印度公司高层获悉：有法国私掠船可能对其船队造成威胁，故而向海军部申请对该公司的9—10艘装载贵重货物的商船提供护航，这个申请被通过。海军部要求东

---

① Owen Rutter, *Red Ensign: A History of Convoy*, p. 55.
② 加里波利（Gallipoli），意大利南部港市。
③ 凯法利尼亚岛（Cephallenia），希腊爱奥尼亚群岛中最大一岛，位于帕特雷湾以西。
④ Owen Rutter, *Red Ensign: A History of Convoy*, p. 56.
⑤ H. A. Smith, *The Law and Custom of the Sea*, pp. 113-114.

印度公司：当他们的商船到达一个最适合与军舰会和的地点时，通告海军派遣军舰前往予以护航。除了特许公司外，在这一时期，英国还曾为本国前往雅茅斯和纽芬兰的捕鱼船队提供过定期的护航。①

二、护航的秘密条令与官兵的职责规定

为加强护航旅程的安全性，在起航之前，负责执行护航任务的海军将领会将本次航行中所要使用的信号、暗语等内容形成护航秘密条令，发放到每一位商船船长手中。

例如，1675年6月，"帮助"号军舰护送6艘商船从普利茅斯②前往丹吉尔③，随行的一位海军牧师亨利·特恩格在他的日记中记录下了威廉·霍尔登舰长颁布的各项秘密条令，其具体内容如下：在白天起锚时，军舰将升起前桅帆并鸣一枪；如果在晚上起锚，军舰将鸣一枪并且闪一下灯，船队中的每一艘船都要闪灯回应。如果在晚上抛锚，信号是军舰闪两下灯。如果在晚上发现周围船只互不认识，发现者要鸣一枪并要问："那艘船是谁的？"对方应该回答："尊贵的国王陛下"，询问者则应回应："繁荣昌盛"，以此来判断这艘船是否为本船队的船只。如果船只漏水或者遇到了其他的麻烦，在白天它将升起它的帆并发出一个能被清楚看到的信号；如果是在晚上，他将鸣一枪并且发出四道水平方向的光。在有雾的天气里，将以钟声和枪响作为联络的信号；在黑暗的夜里，每艘船都要装载一盏灯，以作为保持相对位置的参照。在航行时，后面的船只不得超过它前面船只的灯……④

在这一时期，对于护航官兵职责的履行，官方有着较为严格的纪律要求，如果他们渎职，将会受到惩罚。早在第一次英荷战争期间，英国议会就已通过了一系列"海上战争与军械法案"，其中第35条涉及执行护航任务的海军官兵所应遵守的纪律，具体内容如下：如果奉命去保护商船的官员、舰长或

---

① Owen Rutter, *Red Ensign*: *A History of Convoy*, pp. 56, 58.
② 普利茅斯（Plymouth），英格兰西南部港市，临英吉利海峡。
③ 丹吉尔（Tangier），摩洛哥北部海港，位于直布罗陀海峡的丹吉尔湾口。
④ Teonge Henry, G. E. Manwaring, *The Diary of Henry Teonge*: *Chaplain on Board H. M.'s Ships Assistance, Bristol, and Royal Oak, 1675–1679*, London: Routledge, 1927.

者海员没能够履行他的职责,没能够在保护船队的战斗中英勇作战,或者由于他们的疏漏使得船队暴露在危险之中,他们将可能被要求向商船船东进行赔偿,甚至可能会被处以"死刑或者其他更轻的刑罚";如果护航官员以护航服务为理由从船东那里索取费用,该官员将被撤职。这项规定长期有效。①

三、护航政策的基本特点及其弊端

在护航政策发展的这一阶段,最为显著的特点就是护航对于商船来讲不是强制性的。如果商船船长不愿听从护航将领的指挥、不愿跟随护航编队,他们将"自己承担被劫掠的风险",但不会因此受到任何惩罚。

因此,在这一阶段,商船违抗护航将领的命令、擅自脱离护航编队的例子比比皆是。例如,1711年8月,"布里斯托尔"号军舰的舰长亨宁顿护送一支船队从本土出航,在航行途中,一天早晨8点,亨宁顿走上甲板,烦恼地发现编队中的商船并没有依照他的命令保持队形航行,而是分散在整个海面上:一些船只远远地超过了他,已经航行在地平线上了,而另一些船只则远远地落在了后面。他鸣枪提示行驶在最前面的商船减速,但未被理会。他追赶上行驶在最前面的商船"雅茅斯玛丽"号后,又向其船头开了一枪,迫使其停船,并三次派出官员乘坐小艇召唤该船船长本杰明·克罗,但都被克罗非常无礼地拒绝了。克罗还嚣张地叫喊道,如果有任何人试图登上他的商船,他将对其射击。当亨宁顿派遣的小艇驶向"雅茅斯玛丽"号时,克罗又命令手下敲击船外侧,阻止小艇靠近。因为亨宁顿无权对商船采取强制措施,最后他只能召回小艇,然后召集编队中愿意服从他领导的商船继续航行。而克罗则"在他商船的甲板上得意扬扬地笑着"。② 再如,1776年年底,英国海军将领纳尔逊奉命护航一支商船船队从埃尔西诺启程出航,在出发时这支编队有260艘商船,但是9天后,当编队到达雅茅斯时,只剩下110艘商船了。纳尔逊为此抱怨道:"每天都有商船脱离编队,他们的行为就像我曾经看到过

---

① Owen Rutter, *Red Ensign: A History of Convoy*, p. 44.
② Ibid., p. 61.

的所有船队一样,如此地不讲体面,真是令人苦恼。"①

护航既然有利于保护商船的安全,那么为什么许多商船船长不愿意服从护航安排呢?究其原因,主要有以下几点。

第一,商船船长们普遍认为,并不是整个航程都是危险的,所以,只需在危险海域跟随护航编队航行即可。英国海军将领威廉·康沃利斯在一次护航任务结束后,曾这样分析航行途中商船船长严重的逃离行为:"我相信,这些商船船长认为,他们在旅程中唯一可能会遇到危险的区域是进入并通过波斯湾时……安全穿越这一区域后,就没有任何一艘商船愿意再跟随我们了。"②

第二,出于获取更大利益的考虑。当整个护航编队一起到达目的地时,将一次运来较多的货物,这必然会影响到这些货物的市场价格和商人们的收益。所以,商船往往在通过危险区域后便脱离护航编队,以便比编队内的其他船只更早到达目的地,从而将货物卖一个更高的价格。海军部官员塞缪尔·佩皮斯曾这样分析英国捕鱼船的行为:"他们在早于护航编队起航前离开纽芬兰,或者在航程中离开护航编队,就是为了能比其他的船只更早到达市场。"③ 英国作家约翰·温顿(John Winton,1931-2001)在分析这一问题时这样说道:"受到护航保护的商船所要缴纳的保险费④,经常比单独航行的商船要低三分之二。许多商船试图好处全占,他们在绝大部分航程中跟随护航编队航行,然后逃离,赶在大批商船之前到达目的地,以使得货物能卖个最好的价格。"⑤

---

① A. T. Mahan, *The Life of Nelson*: *The Embodiment of the Sea Power of Great Britain*, New York: Haskell House Pub. Ltd., 1969, p. 32.

② 1776年11月,海军将领威廉·康沃利斯护送一支船队从牙买加回国,起航时,整个编队有100多艘商船,但到最后,只剩下一艘商船。(Owen Rutter, *Red Ensign*: *A History of Convoy*, p. 72.)

③ 塞缪尔·佩皮斯是在1678年英国海军部委员会的一次会议上做出这一分析的。(Owen Rutter, *Red Ensign*: *A History of Convoy*, p. 58.)

④ 类似于今天的海上保险业务,其至少在14世纪就已经在西方出现。早期的海上保险,不是由公司或者政府承办,而是由商人当作副业经营。意大利伦巴第省的商人承接了此项任务的大部分,最初为英国船只保险的保险单就是用意大利文写成的。这些保险商利用代理人为他们经营业务,在英国,这些保险代理人聚居的主要地区被称为"伦巴第街"。1574年,英国伊丽莎白一世批准一项组设"保险工会"的法案。1601年,又签署了一项成立"保险法庭"的法案,以解决关于保险契约的争端。这推动了英国专业保险商的出现和海上保险业务的发展。(徐卓英:《英国1906年海上保险法》,北京:对外贸易教育出版社,1988年,第4—5页。)

⑤ John Winton, *Convoy*: *The Defence of Sea Trade*, *1890-1990*, p. 14.

第一章 护航的出现与发展（17世纪中叶至19世纪初）

第三，商船船长对英国海军的护航能力存在一定的怀疑。随着英国海外贸易的不断扩张和商船数量的不断增多，英国护航船只相对缺乏的问题日益严重，难以向商船提供足够的护航力量。到18世纪后期，就连官方自己也承认了这一点，时任英国海军部第一大臣[①]的约翰·蒙塔古爵士（John Montagu, 4th Earl of Sandwich, 1718-1792）在写给首相的一封信中这样说道："现在，海洋上的每一片区域都布满了私掠船，商船对护航军舰的需求如此之大，以至于我们不知道该怎样去满足他们。"[②] 在这种情况下，一些商船船长自然会产生这样的担忧：大规模的船队本身就更容易引起劫掠船的注意，如果护航力量不足以保护船队的安全，单独航行反而可能会更加隐蔽和安全。

同时，商船这种违反护航命令的做法增加了护航将领执行任务的难度，自然会引起他们的不满。海军将领皮特·玛瑟姆在给海军部的报告中曾这样抱怨道："我们尽我们所有的努力去保护他们（指商船船长），但是，他们的作风却如此执拗，他们不愿安全地待在船队中，总是想在晚上偷偷地溜走。"而且，商船船长擅自脱离护航编队、单独航行的行为既会给自己的船只带来危险，也会影响到官方的声誉，正如海军将领约翰·纳伯勒所说："他们（指商船船长）对自己的放纵，他们的独自航行，不仅将他们自己置于巨大的危险之中，还招来了公众对于国王及其官员'处理失当'的不满和谴责。"[③]

面对许多商船船长的不合作行为和护航将领们的委屈抱怨，英国政府曾经一度停止对一些航路的商船提供护航。但是，正如海军将领约翰·纳伯勒所抱怨的那样："如果他们（指商船船长）持续地要求，海军部将不会坚决拒绝再次向他们提供护航。"例如，前往纽芬兰的捕鱼船船长们由于缺乏纪律性

[①] 为便于读者理解，笔者先对英国海军部第一大臣和第一海军大臣这两个职位做一介绍。海军部第一大臣（First Lord of Admiralty）是英国政府在所有海军事务上的顾问，负责管理皇家海军、皇家海军陆战队和其他海军部门，相当于海军部长，其还担任海军部委员会主席。该职位1628年设立，直到1964年海军部随陆军部、空军部等部分一起并入国防部而撤销。第一海军大臣是英国皇家海军和海事部门最高首长，兼任海军参谋长（Chief of Naval Staff）。其名称历经高级海军大臣（Senior Naval Lord, 1689-1771）、第一海军大臣（First Naval Lord, 1771-1904）、第一海军大臣（First Sea Lord, 1905-1910）、第一海务大臣（Senior Naval Lord, 1910-）。从1923年起，第一海务大臣成为英国参谋长委员会成员。

[②] G. R. Barnes, *The Sandwich Papers*, Vol. I, p. 294. 转引自 Owen Rutter, *Red Ensign: A History of Convoy*, p. 72。

[③] Owen Rutter, *Red Ensign: A History of Convoy*, pp. 47, 56.

引起了护航将领的愤怒,1678年海军部委员会在探讨"今年前往纽芬兰商船的安全问题"时做出了这样的决议:"因为这些船只已经在未经许可的情况下起航,而且他们也经常违反护航将领的命令,所以,不应该再向他们提供护航。"但是,第二年,商船船东们不仅重新争取到了护航,还说服海军部委员会将护航军舰从原来的2艘增加到了4艘。①

英国官方对于商船船长不合作行为的放任态度,根源应该在于这一时期他们对于护航这一职责的认知。在前文中曾经提到,1711年8月"布里斯托尔"号军舰的舰长亨宁顿在执行护航任务时,受到了"雅茅斯玛丽"号商船船长本杰明·克劳非常无礼的冒犯。海军部委员会收到亨宁顿舰长的急件后,将此事提交给司法官员,询问他们是否可以通过合适的法律条文对克劳做出处罚裁决,但是,结果令他们很失望,首席检察官爱德华·诺西这样回复海军部:"由于国王陛下的伟大和仁慈,他向他的臣民们提供护航,他们也因此从中获益;但是,我认为没有任何法律会迫使他们必须接受护航的保护,或者,当他们跟随护航编队航行时,规定他们不准离开。实施护航的目的是为了向需要被保护的国王的臣民们提供保护,而不是去强迫臣民们必须接受这种保护。即使在海军的纪律条令中,也只有关于护航将领们的行为规范,也没有内容涉及那些被护航的人们。而且,我认为,无论是从公众法律的角度还是从海军条令的角度出发,商船离开护航编队但并没有与敌人合作,都不应该是一项该受到惩罚的罪行。"第二检察官罗伯特·雷蒙德也在爱德华·诺西的回复书中签署了自己的意见:"赞成。"② 从这一事件可以明显看出英国官方对于护航存在这样一种认知:英王保护其臣民生命财产的安全、向他的臣民提供护航,是他作为国王理应履行的一项义务;至于商船船长们是否接受这种保护,则是他们的自由,强迫不得。

后来,随着英国海外贸易的重要性日益增强以及所面临的危险逐渐加剧,英国最终出台了对商船实施强制性护航的政策,将接受护航确定为贸易商船必须履行的义务。

---

① Owen Rutter, *Red Ensign*: *A History of Convoy*, p. 58.
② H. A. Smith, *The Law and Custom of the Sea*, p. 220.

第一章 护航的出现与发展（17 世纪中叶至 19 世纪初）

第三节 护航政策发展的第二个阶段
（18 世纪后期至 19 世纪前期）
——强制性的护航政策

18 世纪末至 19 世纪初，在对海外贸易的重要性及其危险性的双重考虑下，英国官方颁布了一系列法令，将商船自愿基础上的护航政策转变为了强制性的护航政策。

一、强制性护航政策出现的背景

由于在海军实力上的相对薄弱，早在 18 世纪初期的西班牙王位继承战争期间（1701—1714），法国就已经开始偏重对英国采取贸易攻击战。[①]

在西班牙王位继承战争初期，法国海军在与英国海军进行的舰队战斗中

---

① 所谓贸易攻击战（Commerce Raiding/Guerre de Course），是一种重要的海军战争形式，是指在公海通过攻击敌人的商业船来摧毁或中断他们的后勤保障和物资供应，或者从中获得对增强己方作战能力有利的东西。执行贸易攻击任务的船只主要有三种类型，即私掠船、武装商船和军舰，其基本概念在前文中已经有所涉及，此处不再赘述。在 19 世纪中期以前，私掠船曾是非常重要的贸易攻击力量，但是之后，随着造船技术的快速发展和军舰性能的提高，贸易攻击更多由巡洋舰和武装商船执行。在两次世界大战期间，交战国还使用潜艇等新型军舰攻击敌方的商船。至少从 15 世纪开始，破坏敌人的海上贸易就已经成为交战的一个重要的手段。在 17 世纪的英荷战争、18 世纪末至 19 世纪初的英法战争、美国内战以及两次世界大战等战争中，贸易攻击战都曾被多次使用，并取得了颇为可观的成果。贸易攻击战不仅会给敌国造成较为严重的直接经济损失，还会产生深远的间接影响，如造成敌国海运保险费的大幅度提高、航运业的衰落、引起敌国国内船东、商人、民众的恐慌和社会的动荡以及牵制敌国海军力量等。这一问题将在第二章第一节对法国"青年学派"的战略思想的探讨中涉及。一般而言，海军实力相对弱小的国家往往选择贸易攻击战，用来对抗海军实力更强大的国家。拥有很少海上贸易的国家也往往用贸易攻击战来对付拥有大量海上贸易的国家。海军实力相对强势的一方则往往采用"舰队战斗"和"封锁"来争夺和维护其对海洋的控制权。所谓"舰队战斗"（Fleet Warfare），是指参战国海军在海面上进行直接的交火作战。"封锁"，则是指对敌方海岸或港口实施严密的海军封锁，以阻止敌方军舰驶出港口、减少敌方实际可用的海军力量，或切断敌方的海上供给。（Arne Roksund, *The Jeune École：The Strategy of the Weak*, Leiden；Boston：Brill, 2007, pp. 13 - 15；Norman Friedman, *Seapower as Strategy：Navies and National Interests*, Naval Institute Press, 2001, pp. 48, 83 - 87, 92 - 93, 132；Donald W. Mitchell, *A History of Russian and Soviet Sea Power*, London：A. Deutsch, 1974, p. 194；维基百科：http：//en. wikipedia. org/wiki/Commerce_raiding；http：//en. wikipedia. org/wiki/Privateer；http：//en. wikipedia. org/wiki/Armed_merchantman。）

失利，实力被严重削弱，所以接下来的战事中，法国采取了加强贸易攻击的策略。法王积极鼓励私掠船的行动，船东在缴纳6000英镑后，便可获得"合法掠夺"的授权书。他将大量主力舰闲置，促使大批海军官兵转到私掠船上服务。法王还将一些小型军舰出租给个人或者公司从事私掠行动，甚至他自己也和许多大臣们一样向这项事业里投资了大量资金。① 在官方的积极鼓励和参与下，"法国私掠船数量的增长快得就像一阵风"，而且已经具备相当的组织性，英国历史学家欧文·拉特曾将这时期的法国私掠船称为"一种海军民兵部队"。他这样描述他们："法国私掠船经常3、4艘或者6艘船组成一支船队，在经验丰富的海军人员的带领下，在海上巡航。他们主要从濒临英吉利海峡的港口，特别是敦刻尔克和圣马洛出海，装载着优良的武器装备，抢劫遇到的商船。为了迷惑'猎物'，他们经常悬挂着其他国家的旗帜航行，这使得他们经常能够顺利地接近'猎物'而不会引起对方警觉，而后发起突然攻击，一些私掠船负责对付护航的军舰，另一些私掠船则负责劫掠战利品。"②

这一时期，在法国疯狂的贸易攻击战略下，英、荷两国在海上航行的商船几乎没有是安全的，英国穿越地中海的贸易航路被切断，往来于英国与东西印度之间的船队持续遭到攻击，英国的海上贸易遭受到了前所未有的巨大损失。

在18世纪末开始的英法战争（1793—1815）中，法国的贸易攻击战略进一步升级。

1793年2月，法国对英国和荷兰宣战，一个月后对西班牙宣战。交战双方的海军力量对比如下：英国有135艘军舰，荷兰有49艘，西班牙有76艘，总共是260艘，而法国只有80艘。所以，在战争开始之时，英国就曾推断：由于法国海军力量的薄弱，其将会重拾贸易攻击战略。事实证明，英国的预测是正确的。战争开始后不久，法国的私掠船便挤满了英吉利海峡。而且，不仅是英国商船，运载英国商品的中立国船只也成为法国私掠船劫掠的目标。

1794年，法国督政府上台执政，他们认为：以法国的海军实力而言，法

---

① 除了打击英国的目的外，法王积极鼓励私掠船的行为还因为他能从中获得丰厚的收益，因为这一时期私掠船战利品的收益分配如下：10%交给国王，5%交给教会，其他的投资人和参与者们分享剩余的部分。（Owen Rutter, *Red Ensign: A History of Convoy*, p.59.）

② Owen Rutter, *Red Ensign: A History of Convoy*, p.59.

第一章　护航的出现与发展（17世纪中叶至19世纪初）

国不可能在舰队战斗中取得胜利并进而控制海洋，所以法国海上战略的重心应倾向于摧毁英国的海上贸易。用当时英国一位议员的话说："它（指法国）的政策是放弃舰队战斗而去进行贸易攻击……其目的是导致英国陷入破产的丢脸境地。"之后，法国除了继续加强私掠船的行动，还派遣小型海军舰队攻击护航力量较为薄弱的船队。例如，1795年9月，9艘法国军舰悄悄驶出法国土伦①海军基地，避开英国海军的监视和封锁，驶至直布罗陀以西150英里处，向一支从黎凡特返航回国的英国护航编队发动了突然袭击，这支英国船队有31艘商船，被3艘军舰护送。双方力量如此悬殊，结果自然显而易见，法国军舰俘获了所有的商船和1艘英国军舰。同一年，在大西洋海域，一支法国舰队攻击了一支从牙买加②返航的英国护航编队，俘获了18艘商船。③

此外，法国督政府还将目标指向运载英国商品的中立船只。它通过了一项法律，禁止英国商品进入法国或者法国占领的地区，并为此关闭了比利时、荷兰、西班牙和意大利的港口。但是，对英国商品的需求是如此之大，以至于仍有船只冒险去运载它们，其中有许多是中立国船只。他们将英国的商品带到欧洲大陆的各个港口，而后，这些商品中的一部分将被直接或间接地带到法国。督政府进而声明：在海上发现的每一艘载有英国货物的船只，都将被视为"合法的战利品"，无论英国货物占其货物总量的比重是多少，也无论这艘船的国籍归属。也就是说，哪怕法国在一艘中立国船只上只发现了一件英国生产的衬衫，这艘船上的全部货物和船只本身，都可以被"合法"地没收。在官方的鼓励下，法国在海上的劫掠行动变得更加肆意，以致驻直布罗陀的美国官员都开始为本国的商船向英国海军将领纳尔逊请求护航保护了。④

1804年12月，西班牙参战对抗英国，进一步增加了英国商船在海上面临的威胁。而且，在特拉法加海战⑤中，英国彻底摧毁了法国和西班牙的海军，

---

① 土伦（Toulon），法国东南部港市。
② 牙买加（Jamaica），位于加勒比海西北部，是加勒比海中面积仅次于古巴和海地岛的第三大岛。
③ Owen Rutter, *Red Ensign: A History of Convoy*, p. 94.
④ Ibid., p. 102.
⑤ 特拉法加（Trafalgar），西班牙西南部海角。1805年10月21日，英国与法西联合舰队在特拉法加角外海面展开激战。是役是风帆战舰时代最后一次大规模的海战，以英国取得大胜而告终。

粉碎了拿破仑从海上侵略英国本土的计划，也导致拿破仑决定去"更加凶残地攻击英国的财富来源（指海上贸易）"。① 在之后的一段时期内，对于英国商船来说，英法周边几乎没有安全的海域。

对于英国商船来说，北海和英吉利海峡是最为危险的海域。在这里航行的英国商船将面临来自布洛涅②、加来③和敦刻尔克的私掠船的威胁，而且在1794年和1795年法国占领欧洲西北部沿岸低地国家④的港口之后，这种危险更甚。一般情况下，法国的私掠船会派遣一艘小船在海上巡察，当发现有英国商船驶来，小船便会将消息带回。如果天气良好、风向有利的话，私掠船将驶出港口，对英国商船进行一次快速的劫掠，而后返回基地；如果护航力量较强大，他们一般会在白天锁定目标，而后，在夜晚黑暗的掩护下，悄悄驶向毫无察觉的船队，并在守卫有时间发出警报之前快速登上目标商船进行劫掠。

英国南部的大西洋海域是往返于英国本土与东西印度之间的英国商船的必经之地，因为在这一海域英国驻扎有海军并经常派军舰巡查，所以，从法国濒临大西洋诸港口驶出的私掠船吨位更大、适航性更强，装备的武器军械也更为优良，而且能够在海上停留更长的时间。"波尔多"号是这些法国私掠船中"成绩斐然"的一艘，它拥有220名船员，军备先进，虽然它在1799年被捕获，但是在此之前，它已经捕获了160艘英国商船，为它的投资人取得了价值超过100万银币的收益。⑤

在加勒比海域，私掠船拥有着一些得天独厚的有利条件：平静的海洋、规律的季风和难以攻陷的基地（例如马提尼克⑥、瓜德罗普⑦等岛屿）。而且，在战争期间，英国对途经此海域的商船提供的护航力量更为薄弱，除了运糖船队等定期往返的贸易船队外，一些更小型的零散贸易商船甚至是在无保护

---

① Owen Rutter, *Red Ensign*: *A History of Convoy*, p. 104.
② 布洛涅（Boulogne），法国北部英吉利海峡沿岸的港市。
③ 加来（Calais），法国北部港市，濒临多佛尔海峡。
④ 低地国家（the Low Countries），特指荷兰、比利时和卢森堡，因其海拔低而得名。这一地区于英国有着重要的战略意义，因为如果这一地区被入侵，英吉利海峡的安全将受到直接的威胁。
⑤ Owen Rutter, *Red Ensign*: *A History of Convoy*, p. 89.
⑥ 马提尼克（Martinique），加勒比地区岛屿。
⑦ 瓜德罗普（Guadeloupe），加勒比地区岛屿。

的情况下航行的。

面对法国对英国海上贸易前所未有的疯狂攻击,在18世纪末至19世纪初,英国颁布了一系列法案条令,将商船自愿基础上的护航政策转变为强制性的护航政策。

二、强制性护航体系的形成

1792年,面对日益加剧的战争危险和法国对英国海上贸易进行疯狂攻击的可能性,英国颁布了一项法案以规范护航编队航行途中商船的行为。该法案规定:在护航编队航行途中,如果商船船长违背了护航将领的信号指令或者未经同意便擅自脱离船队,他将可能被处以500英镑的罚款或者一年的监禁。如果护航将领抛弃船队去追捕一艘敌国船只(除非这艘船只正在编队周边徘徊停留或者已经开始对编队发起攻击),或者在俘获敌国船只后抛下编队去将战利品带回港口,他将被交由军事法庭审判;如果被判有罪,他原本应得的奖金将会被没收。[1] 针对护航将领的纪律规定之前就有,但是,这是第一次明确了商船船长们在护航中也应承担的义务。

如前所述,1794年法国督政府上台执政后,进一步加强了对英国海上贸易的攻势。在这种情况下,英国政府认为,应该对商船实施强制性的护航,以减少因商船独立航行而造成的损失。正如率领英国海军在特拉法加海战中取得大胜的名将纳尔逊所说:"所有的商船,无论是快的还是慢的,大的还是小的,都应该一直在护航中航行。"[2]

1798年,英国议会通过了第一次护航法案。其具体内容如下:除非有特别许可证,所有离开英国港口的商船都必须在护航下结队航行,否则将被处以1000英镑的罚金,如果违规船只上装载的货物是英国政府的财产,罚金将升至1500英镑。商船船长在出航前必须签署一项保证书,保证他不会独自出航,也不会在航行途中擅自脱离护航编队;他只有签署完保证书后,才能够从海关官员那里获得出入港口的许可证。在航行途中,如果商船船长发现自

---

[1] Owen Rutter, *Red Ensign: A History of Convoy*, p. 88.
[2] John Winton, *Convoy: The Defence of Sea Trade, 1890-1990*, p. 14.

近代英国海上贸易保护政策的演变（17世纪中叶至20世纪初）

己的船只正处在被私掠船或敌方军舰人员登船的危险中，他要马上向编队发出信号。而且，如果敌方人员登船，商船船长必须要毁掉护航将领发给他的护航秘密条令，不能让它落到敌人手中；如果他没能这样做，他将被处以100英镑的罚金。此外，第一次护航法案还沿袭了1792年法案的一项规定：如果商船船长违背了护航将领的信号指令或者未经同意便擅自脱离船队，他将可能被处以500英镑的罚款或者一年的监禁。①

这项法案标志着护航政策的一个新的发展阶段的开始，即政府首次立法规定了商船必须要在军舰的护送下航行，使得以往在商船自愿基础上的护航转变为强制性的护航。这项法案的颁布，首先大大提高了英国海上船运的安全性。这从海上保险商对船运征收的保险费数额可以看出，由于英国船运安全性较高，对他们征收的保险费率被减少至5%，而与之形成鲜明对照的是，对服务于法国的贸易商船②所征收的保险费率高达20%和30%。其次，第一次护航法案产生的另一个影响就是护航将领的地位和受尊重的程度较之前有了较大提高。例如，海军将领沃尔德格雷夫奉命去护航前往纽分兰的贸易商船，在起航前，他对商船做了检查并警告商船船长们：除非他们船上的风帆、锚、锚链、桅杆等都是完好无损的，否则他将拒绝护送他们的船只。商船船长们向海军部抗议沃尔德格雷夫"独断专制的干涉"，但是海军部认为这样的检查将有助于提高商船在海上航行的安全性，所以对此表示支持。③

1802年3月，《亚眠和约》的签订给英法带来了短暂的和平。但是，双方的根本矛盾并未解决，英法关系很快又趋于尖锐化。和约签订后，拿破仑制订了庞大殖民帝国的扩张计划，该计划首先与英国发生了尖锐的矛盾。英法围绕《亚眠和约》条款的实施互相指责，双方都在酝酿更大的军事行动。1802年8月，法国吞并了厄尔巴④，9月吞并了瑞士和皮埃蒙特⑤，10月吞并

---

① Owen Rutter, *Red Ensign: A History of Convoy*, p. 95.
② 到19世纪末，由于英国对法国的贸易攻击、法国私掠船活动的兴盛等因素，法国的海上航运业几乎消失。1799年1月，就连法国自己也承认：在海上，已经没有一艘商船飘扬着法国的旗帜。所以，此时进出法国港口的商船主要是中立国的船只。
③ Owen Rutter, *Red Ensign: A History of Convoy*, p. 95.
④ 厄尔巴（Elba），意大利西部岛屿。
⑤ 皮埃蒙特（Piedmont），意大利西北部地区。

第一章 护航的出现与发展（17 世纪中叶至 19 世纪初）

了帕尔马①。法国要求英国归还马耳他②，英国以法国不遵守《亚眠和约》为借口，拒绝从马耳他撤退。拿破仑与英国大使维特沃特多次激烈争论，并以战争进行恫吓："要么归还马耳他岛，要么就是战争。" 1803 年 5 月 16 日，英国对法国宣战，双方断绝外交关系。英国积极向法国施加海军压力，派遣康沃利斯和纳尔逊分别重建对法国重要海军基地布雷斯特和土伦的海军封锁。拿破仑则一方面开始准备对英国进行较以前更大规模的领土入侵，另一方面继续对英国海上贸易的激烈攻势。

在这样的背景下，为了能够更好地保护英国的海上贸易，英国政府颁布了第二次护航法案。该法案完全沿袭了第一次护航法案的基本内容，只有一项有区别，即如果商船船长在敌人登船时没有及时销毁护航秘密条令，他将要缴纳的罚款由第一次护航法案规定的 100 英镑升至 200 英镑。③

之后，在 1805 年 10 月，英国取得了特拉法加海战的胜利，法国的海军力量基本已被摧毁，但是，法国私掠船对英国贸易商船的劫掠行动依然十分猖獗。1811 年 1 月 24 日的英国《大众晚报》曾这样描述道："在英吉利海峡内，每日都会发生敌人的私掠船对我们贸易商船的劫掠，这种情形迫切要求海军部对此严肃对待。……法国的私掠船挤满了海峡，在前两个星期内，在靠近英国海岸的海域，大约有 20 艘英国商船确定已被私掠船俘获。而在那期间，我们只俘获了一艘法国私掠船。法国私掠船往往利用英国海军警戒时有发生的松弛或者是部署上的失误而展开行动……最近从西印度群岛返航的一艘商船的船长称：他的船只从进入海峡后直至到达目的地，在途中没有遇到过一艘英国军舰……英国常为它的海军优势而得意自豪，但是，它却不能保障在海峡内航行的英国商船的安全，使得它们需要交纳高昂的保险费，对于英国来说，这难道不是一件丢脸的事吗？"④

面对此时法国私掠船的激烈攻势，英国海军部出台了一系列关于"皇家海军海上服役"的法令，其中就护航将领和商船船长的权责又做了一些更加详细而明确的规定，其具体内容如下。

---

① 帕尔马（Parma），意大利北部城市。
② 马耳他（Malta），地中海岛屿，位于意大利南部。
③ Owen Rutter, Red Ensign: A History of Convoy, p. 99.
④ Ibid., p. 106.

第一，关于护航将领的权责。法令规定，护航必须由一位国家正式的海军将领组织负责，否则这支船队将不是合法的护航编队。护航将领要先为商船指定一个集合地，并将此次护航的保密指令发放给每一位商船船长，起航后如果环境需要，他将会随时增添新的指令。在起航之前，护航将领还要向海军部提交一份表格，其内容包括此次护航编队中每一艘商船的名字及其船东和船长的名字，每一艘商船的建造、载重量、武器装备、船员、货物、目的地等信息细节。如果商船的信息未出现在这份名单上，它将不会被看作是护航编队的合法组成部分。当护航将领带着编队返回英国后，他要向海军部提供第二份表格，其内容包括他带回国的这些商船的信息以及在途中离开编队的所有商船的信息。护航将领及其手下官兵绝对不允许从商船船长或者船东那里为他们提供的护航服务收取赏金。护航将领要将保护船队视为他最为紧要的职责，并做好抵御突然袭击的每一项预防措施。如果船队受到攻击，护航将领要"非常警觉地保卫船队，不能冒任何远离船队的风险"，要保持和他的船队在一起，也不能允许他手下的任何一艘船去追捕敌人，而要"尽可能迅速地离开、继续前进"。

在航行速度上，护航将领要照顾到速度最慢的船只，确保它能够在航行中较容易地保持住在编队中的相对位置。如果编队中的船只遇到危难，护航将领必须要给予帮助，如果危难是由于该船只恶劣的适航性造成的，他必须向海军部报告此事。护航将领对于编队中的商船船长们仍然没有即时审判权，如果商船船长违背了他的信号指令，或者未经他同意擅自离开编队，护航将领会就此事向海军部提交报告，而随航的其他官员将作为证人在报告上签字。如果违反规定的船只被私掠船捕获，保险商们将根据护航将领的报告去决定是否要向其船东赔偿损失。如果目的地不同的几个护航编队在途中同路航行或者相遇时，为了更好地保护商船，他们将在旅程允许的情况下尽可能长久地结伴航行，护航将领中地位最高的那位将成为统率所有船队的最高指挥官。在分道扬镳之时，各船队的护航军舰要悬挂不同的旗帜，以方便商船辨别和跟随。如果英国盟国的商船船长提出请求，护航将领应将其商船置于保护之下，并与英国商船一样看待，但是，这不包括中立国或者交战国的商船，除非有特别命令。

第一章　护航的出现与发展（17世纪中叶至19世纪初）

第二，关于商船船长的权责。商船船长要确保集合地点和护航保密指令不会从他的船员那里泄露出去。一旦商船加入护航编队，商船船长应保证他的船只随队航行直至旅程结束。在航行途中，为了避免出现混乱，商船应保持住自己在整个编队中的相对位置。①

这些法令从法律制度层面规范了护航官兵、商船船长及船东的行为，为英国的护航体系奠定了法律基础，而且，其中一些条款在以后的日子里长期有效。

综上所述，在18世纪末至19世纪初，通过两次护航法案和一系列法令，英国建立起一个强制性的护航体系。与之前商船自愿基础上的护航政策相比，强制性护航体系下的商船在享受军舰保护的同时，还有服从护航将领命令、遵守护航相关规定的义务。

三、护航豁免权问题

在第一次护航法案中曾提到，"除非有特别许可证，所有离开英国港口的商船都必须在护航下结队航行"，获得特别许可证，便意味着护航豁免权，即可以不用在护航下航行。

在这一时期，曾经享受过护航豁免权的有东印度公司、哈得孙湾公司等大型贸易公司的商船以及一些沿海岸航行的贸易商船等。这里简单介绍一下东印度公司商船的一些情况。东印度公司的商船经常是护航豁免权的享有者，它们往往在无护航的情况下结伴航行。这主要是由于三个因素：一是东印度公司的商船往往吨位大、性能好、武器装备优良，其最好的船只吨位一般为1200—1500吨，是普通商船的4—5倍，并且比当时的许多军舰还要庞大；二是其船员训练有素，身着统一制服，有着较强的组织纪律性，如果遭遇攻击，他们能够实施出色的反击；三是其商船船队一般比较庞大。因此，东印度公司的商船船队在海上航行时往往气势非凡，法国海军将领德·利努瓦曾有一次在海上遭遇到东印度公司的运茶船队，却将其误认为是英国的海军舰队，急忙转向逃走，这使得他受到了拿破仑的严厉斥责，并一度成为整个欧洲的

---

①　Owen Rutter, *Red Ensign*: *A History of Convoy*, pp. 105–106.

近代英国海上贸易保护政策的演变（17世纪中叶至20世纪初）

笑柄。

综上所述，在18世纪末至19世纪初连绵的战争期间，面对法国疯狂的贸易攻击战略，英国已经建立起一个比较成熟的强制性护航体系，并且形成了一个较为详细的护航时刻表：从泰晤士河到南安普顿①之间的沿海岸护航，以及经北海到达爱尔兰或海峡群岛的护航，是每周至少一次；对前往波罗的海船只的护航，是每14天或者21天一次，偶尔还会有对前往格陵兰岛②和戴维斯海峡③渔场的船只的护航；对于以下航程的护航是每月一次：前往北美、纽芬兰和魁北克④的航程，前往到西印度群岛和圭亚那的航程，前往东印度群岛、好望角、圣赫勒拿岛⑤和中国的航程，以及前往葡萄牙和西班牙的航程……这一时期的护航最远至中国，在时间上则一直持续到1815年。⑥

当然，无论怎样的护航措施，英国商船的损失都是不可避免的，在这20多年的战争里，英国总共损失了1.1万艘商船，⑦相比较当时英国的商船总数，这个损失不可谓不惨重。⑧但是，我们还应看到护航政策所起到的积极作用。在这一时期，由于交战国彼此间的贸易攻击，法国、西班牙、荷兰的商船已基本从海上消失，而英国商船上的旗帜却依然在海上飘扬。它们从印度和中国运来茶叶、丝绸和香料，从加勒比海运来糖、朗姆酒和咖啡，从波罗的海带来可以建造新船只的木材，从地中海运来水果、大理石和酒……虽然有许多船只在战争中损失，但新建造出的船只会代替它们继续航行。英国的海上贸易就像一条潺潺流动的小溪，也许在旅途中会在多处受到阻截，但是它总能绕过障碍向着目的地继续前行。海上贸易的畅通，不仅为英国长期持续作战提供了重要的物质保障，而且在这场战争结束后，由于法国、西班牙

---

① 南安普顿（Southampton），英国南部港市。
② 格陵兰岛（Greenland），世界最大岛，面积216.6万平方公里，在北美洲东北、北冰洋和大西洋之间。
③ 戴维斯海峡（Davis Strait），北美洲东北部巴芬岛和格陵兰岛之间的海峡。
④ 魁北克（Quebec），加拿大东南部重要港市。
⑤ 圣赫勒拿岛（Saint Helena），南大西洋中的一个火山岛，离非洲西岸1900公里，离南美洲东岸3400公里。
⑥ John Winton, *Convoy: The Defence of Sea Trade, 1890-1990*, pp. 15-16.
⑦ Paul M. Kennedy, *The Rise and Fall of British Naval Mastery*, London: Macmillan Pr. Ltd., 1983, p. 131.
⑧ 1815年战争结束时，英国登记在册的商船总数为21861艘。（[英]B. R. 米切尔：《帕尔格雷夫世界历史统计》（欧洲卷），贺力平译，北京：经济科学出版社，2002年，第750页）

等国的航运业损失惨重,英国成了世界上首屈一指的航运大国。

第四节 护航存在的问题及对其的评价

从17世纪中叶至19世纪前期,护航政策虽然在保护英国海上贸易方面发挥了积极的作用,但是,随着英国海上贸易的扩张和商船数量的增加,护航体系日益暴露出这样一个问题:英国用于护航的海军力量相对不足。

一、护航海军力量的缺乏

在17世纪后期,随着英国海外贸易的进一步扩张,一些较大规模的贸易公司纷纷建立。当劫掠船活动猖獗时,这些公司会向英王申请护航,而英王却往往难以充分满足它们的要求,英国护航力量的相对不足可见一斑。例如,在17世纪70年代,土耳其公司曾向英王请求护航它的商船行驶到直布罗陀,海军部派遣一艘军舰去执行这一任务,土耳其公司认为护航军舰的数量太少而提出抗议,英王向其保证,一旦在地中海执行任务的约翰·纳伯勒的舰队中有军舰回国,他将会尽力再给其调拨一艘军舰。又如,1678年9月,应加纳利公司的申请,海军部派遣两艘军舰护送该公司前往加纳利群岛[①]的商船船队,并在他们装完货物后护送其返航,因为对护航力量的不满,加纳利公司向海军部多次请求,海军部才勉强同意再增派一艘军舰。[②]

随着英国海外贸易的继续扩张和商船数量的不断增加,护航力量相对不足的问题愈加严重。

在美国独立战争期间(1775—1783),由于其海军力量相对薄弱,北美殖民地也像法国一样,对英国实施贸易攻击战略。其私掠船的活动越来越活跃,尤以北美和西印度群岛周边的海域为最。因此,在这一时期,英国商船要求海军部提供护航的申请持续不断。而此时的英国海军除了保护海上贸易的职

---

① 加纳利群岛(Canary Islands),非洲西北海域群岛。
② Owen Rutter, *Red Ensign: A History of Convoy*, p. 56.

责外,还要承担对付北美殖民地的海军和私掠船、为在北美的英国陆军运输给养和军队等任务,护航力量相对不足的问题日益凸显。1777年5月,海军部委员会委员休·帕利泽向海军部第一大臣约翰·蒙塔古报告道:利物浦的商人们"非常恳切地再三请求海军部增派一艘护卫舰护航他们的商船航行一段特定的距离",但是,海军部对此请求要慎重考虑,因为"如果这个请求被批准,其他港口的商人们也都会要求得到同样的待遇,而这是我们难以满足的"。在这场战争中,关于英国护航力量相对不足的问题,时任海军部第一大臣的约翰·蒙塔古爵士也曾这样说过:"这(指护航力量的缺乏)是一个无法弥补的灾难……我们的海上贸易已经暴露出对护航和护航军舰非常极度的需求……(为了弥补护航力量的相对不足,)海军部应该给所有能够购买到或者雇佣到的船只装备上武器,并一刻不耽误地派遣出去。"①

在美国独立战争期间,英国海军将领们所承担的护航任务的繁重也体现出英国海军力量的不足。以海军将领海德·帕克所承担的护航任务为例,帕克所率领的舰队由8艘军舰和一些小型护卫舰组成,他为从泰晤士河口前往波罗的海的英国贸易商船提供护航,在他们接近埃尔西诺时,他会将船队交给一些小型护卫舰并由他们继续护送航行。而他则率领其他军舰以最快的速度航行至苏格兰的福斯湾②,护送从苏格兰港口前往埃尔西诺的商船。随后,他还要带着他的舰队在周边海域巡航并等待从波罗的海回国的商船船队到达,然后护送他们前往目的地。此外,他还要为前往苏格兰东岸和哈得孙湾的贸易商船提供尽可能远的护航。③

在18世纪末至19世纪初英国与法国的战争中,海军力量缺乏的问题也成为英国的一大困扰。

1801年5月,英国第一海军大臣托马斯·特罗布里奇(Thomas Troubridge,1758-1807;1806年2月至1807年4月在任)在写给波特兰公爵的信中这样抱怨道:"护航任务占据了如此多的军舰,以至于我们现在能使用的海军力量非常有限,在现在英国面临的侵略危险下,海军力量任何进一步的减少都将

---

① Owen Rutter, *Red Ensign: A History of Convoy*, pp. 70, 74.
② 福斯湾(Firth of Forth),苏格兰东部海湾。
③ Owen Rutter, *Red Ensign: A History of Convoy*, p. 76.

第一章 护航的出现与发展（17世纪中叶至19世纪初）

可能导致最为严重的后果。"①

英国海军将领纳尔逊也为商船持续不断的护航申请而苦恼，抱怨道："我快要被商船提出的护航要求扯成碎片了。"他曾多次向海军部申请增调军舰，并提出：现在他只有8艘军舰用以护送往返于圣文森特角②和亚得里亚海③之间的商船，而他还需要10艘军舰去监视、封锁法国的舰队、10艘军舰去用于护航商船。但是，海军部对他的多次请求不予回应，而且，随着时间的流逝，他所拥有的商船也有折损。在这种情况下，纳尔逊和他的军舰们在多项任务之间疲于奔命。他们需要不停地在西西里岛和黎凡特海岸之间往返，要在亚得里亚海海域巡航，要监视北非海岸，要负责召集一些商船组队并保护他们前往海外，还要将聚集在马耳他④等待护航返程的商船队护送回国。⑤

导致这一问题最为主要的因素，应该是英国海外贸易的进一步扩张和商船数量的大量增加。英国历史学家欧文·拉特在分析英美战争时期英国海军力量相对缺乏的原因时曾这样说道："英国已经不再是一个小店主，而是拥有着许多商店的大业主，他的业务从地球一面的加勒比海延伸到另一面的印度洋。而此时他繁多的贸易需要海军的保护：运糖的船队和从西印度群岛来的船队需要被持续地护送，前往东印度的贸易商船也必须被护航至菲尼斯特雷角⑥，有时往来于本土和圣赫勒拿之间的商船需要被护送，波罗的海贸易必须被护送，运煤船以及沿海岸航行的所有商船也需要被持续地保护，此外，还要为在美洲的陆军的运兵船和供给船护航……而这众多的任务耗尽了英国的海军力量。"⑦

---

① Owen Rutter, *Red Ensign: A History of Convoy*, p. 98.
② 圣文森特角（Cape St. Vincent），葡萄牙西南部海角。
③ 亚得里亚海（Adriatic Sea），意大利与巴尔干半岛之间的海域。
④ 在那时，马耳他是英国商船从海外返程时的一个聚集地，一些商船要先在那里聚集，而后由一艘主力舰或者三艘小型军舰护送至直布罗陀。在直布罗陀，他们将等待来自西部地中海诸港口的商船加入，组成一个较大规模的船队，在一支海军舰队的保护下回到英国。在这一时期，除了马耳他外，英国商船在海外的主要聚集地还有埃尔西诺、阿尔汉格尔斯克、圣约翰斯、哈利法克斯、纽约、查尔斯顿（南卡罗来纳州）、巴巴多斯、牙买加、圣赫勒拿岛、开普敦、直布罗陀和梅诺卡岛等地。（John Winton, *Convoy: The Defence of Sea Trade, 1890-1990*, p. 15.）
⑤ Owen Rutter, *Red Ensign: A History of Convoy*, pp. 100-102.
⑥ 菲尼斯特雷角（Cape Finisterre），西班牙西北部一海角。
⑦ Owen Rutter, *Red Ensign: A History of Convoy*, p. 74.

二、护航海军力量缺乏的后果

英国用于护航的海军力量相对不足的问题日益严重,导致了两个不利于其海上贸易安全的严重后果。

第一,随着护航力量不足的问题日益严重,英国只能用较少的军舰护送更大规模的商船队,而这将会严重削弱护航编队的安全性。这是因为:一则护航将领管理如此庞大的船队势必会更加困难;二则船队规模的庞大、财富的集中和护航力量的相对薄弱,势必会对劫掠船产生更大的吸引力;三则为了保持编队的队形,船队的行驶速度实际就是船队中最慢船只的航行速度,所以大型船队的航行速度往往较慢,一般极少能够超过3节①,而劫掠船则往往既快速又灵活,这就进一步增加了护航编队所面临的危险。

1780年8月2日,英国海军将领约翰·穆特雷率领3艘军舰护送一支由60艘船只组成的船队前往牙买加,其中包括运兵船、供给船和普通商船。起航一星期后,这支编队在圣文森特角西部海域遭遇到了一支共有32艘军舰的法国和西班牙联合舰队,双方力量如此之悬殊,使得战斗结果没有任何悬念——英国的这支护航编队除了2—3艘船和3艘军舰外,其余船只全部被俘获。② 这个事件较为明显地显示出较大规模的船队在没有足够护航力量的情况下出海会面临的危险。

18世纪末,在荷兰参战对付英国后,英国海军将领乔治·罗德尼曾经率队攻击荷属岛屿圣尤斯特歇斯③。这里是一个相当繁华富裕的地方,正如罗德尼所赞叹的那样:"这里是世界上最富裕的岛屿,大量的贵重货物塞满了每一个仓库,辽阔的海滨里拥挤着装载糖、烟草和棉花的商船。"从这次战斗中收获了极为丰厚的战利品,还俘获了100艘商船、1艘荷兰军舰和5艘美国私掠船。同时,"国王"号军舰的舰长弗朗西斯·雷诺兹率队突袭了荷兰的一支护航编队,杀死了荷兰的护航将领,并俘获了全部的商船,这次袭击的战利品

---

① 节(knot),为轮船航行速度的单位,也被用于表示风及洋流的速度。1节=1海里/小时=1.852公里/小时。
② Owen Rutter, *Red Ensign*: *A History of Convoy*, p.79.
③ 圣尤斯特歇斯(St. Eustatius),加勒比地区一岛屿。

第一章 护航的出现与发展（17世纪中叶至19世纪初）

如此丰厚，被罗德尼描述为"超乎想象"。3月19日，罗德尼派遣出一支船队将一批战利品运回英国，这支船队由30艘船组成，其装载的货物价值总计达100万英镑，号称是有史以来驶向英国的最富有的船队。但是，这支船队的护航力量却只有5艘军舰，而且其中有2艘军舰是刚俘获的荷兰军舰，一艘英国军舰"复仇"号是一艘即将要退役的老船，另一艘英国军舰"维纳斯"号则只在前两个星期跟随船队航行，随后便会离开。和其昂贵的价值相比，这样的护航力量的确相对薄弱，英王也写信对此表示不满："我希望来自圣尤斯特歇斯的这支船队能够被安全地带回，如果它落入敌人手中，这将是最令人不满的结果。因此，我希望：除了您已经派遣去承担这项任务（指护送船队）的军舰外，至少也应该再增派一些小型军舰去警戒和收集情报吧。"但是，罗德尼实在是派不出更多的军舰了，因为之前他已经派出6艘军舰去护送从牙买加返回英国的商船船队。而当护航编队到达布雷斯特后，法国便获得了情报，随即派遣6艘战列舰和一些小型军舰前去拦截，编队被打散，最后的结果是，法国俘获了18艘运载货物的船只。① 准确地说，这次事件并不能算是对商船的护航，但是，这次事件却能够明显地折射出英国护航力量不足的问题及其可能导致的严重危险。

在护航力量不足的问题日益严重的同时，英国护航船队的规模也越来越大。1794年，英国军舰"猎户座"号上的见习军官威廉·帕克在给他母亲的一封信中曾提到有一支护航编队离开普利茅斯，这支庞大编队中有600艘商船和34艘军舰。

第二，由于英国护航力量的不足，护航的安排往往是环环相扣，非常严密紧凑，在这种情况下，一旦有突发事件，整个护航的部署都将会被打乱。正如英国海军名将纳尔逊所说，"现在我们紧凑的护航安排，就像一个钟表，其中任何一个环节被打破，都将使整个钟表停摆"。有一次，海军部曾临时调遣军舰"梅德斯通"号去执行其他任务，结果打乱了纳尔逊一系列的护航部署。他抱怨道："海军部（的做法）就像孩子推到了一排积木中的第一个，他打乱了随后一连串的任务安排……要么违反海军部的命令，要么有2艘商船

---

① Owen Rutter, *Red Ensign: A History of Convoy*, p. 81.

将要在没有护航的情况下返程。"①

三、英国所采取的改进措施

面对护航力量不足这一问题,除了进行常规的军舰建设外,英国还采取了其他两项措施。

措施一:从大型贸易公司中租用商船作为辅助军舰。为了减轻英国海军极为繁重的护航负担,海军部曾经从东印度公司等公司那里租借过一些性能良好的商船用于执行护航任务。

措施二:重视护航将领的相关素质和能力。以英国海军将领查尔斯·米德尔顿为代表的一批军政官员已经认识到了护航将领的个人素质对圆满完成护航任务的重要性。米德尔顿在一份备忘录中写道:

> 如果一位军官被委任了调配军舰、处理护航相关事务等任务,他就需要具备多种素质。他所要具备的第一项素质就是他必须是"一位精通海军力量调配诸事务的娴熟能手",因为他将会频频遭遇到各种混乱状况,例如手下的军舰被临时挪用等。他还必须具备足够的舰船专业知识,熟知每一艘军舰的基本情况和各项性能,包括建造这艘军舰所需要的时间、这艘军舰最适合承担的任务以及它执行这项任务所需要的时间。在安排部署一般的护航任务时,他必须要确保他手下的军舰们肯定能在指定日期到达集合地点,以免等待护航的商船或者军需船、运兵船被耽搁,因为如果它们滞留太久,将会给商人们和国家造成不可估量的经济损失,甚至可能会导致一次远征的失败。他必须非常熟悉海军办公室的各部门,因为这是"所有问题的汇聚地",还要非常熟悉海军部委员会的内部机构,因为"每一项工作或者措施的执行都必须要先通过它的安排"。他必须了解各个海域的局势,知道在哪里应该采用怎样的措施。例如,他必须知道在哪个海域最应该派遣军舰进行巡航,这并不只是为了保

---

① Owen Rutter, *Red Ensign: A History of Convoy*, p. 102.

护贸易，还为了抵御敌人，他应该派遣他手下速度最快并且有足够实力去承担持续解困工作的军舰去执行这项任务。

总之，米德尔顿坚持：护航官员事先的深思熟虑和周全的准备措施是任务成功与否的一个关键因素，"在之前的战争以及我们和美国的战争中，我们所遭遇不幸中的最大部分是由于指挥官们缺乏这些素质造成的，这些素质是其他任何行动所不能替代的。而且，拥有它们的人必将会胜利"。因此，他积极呼吁重视海军官兵相关素质和能力的培养。① 而在 18 世纪后期，英国也确实采取了一些诸如兴建海军学院、加强对年轻军官的教育培训等措施以提高海军官员们的素质和能力。②

虽然英国试图通过这些措施去改善护航力量短缺的问题，但是其效果并不好。在 19 世纪 20 年代希腊独立战争期间，由于东部地中海海盗活动猖獗，英国决定对途经该海域的商船提供护航，但是护航力量短缺的问题依然严重，5 艘英国商船曾因此被耽搁在马耳他。船东们向首相发出了一封抗议信，抱怨道：驻守此地的英国海军将领 H. M. S. 费洛姆已经拒绝向在士麦那③和君士坦丁堡之间海域航行的商船提供护航，这使得一些商船只能在没有护航的危险情况下航行。在马耳他，当时已经没有军舰，但是，他们商船上装载的都是贵重的货物，如果继续滞留在这儿，将会给他们造成严重的经济损失。因此，他们决定不再等待，并结伴出航。如果不幸被海盗劫掠，希望政府能够确保他们的损失得到赔偿。最后，在官方的协调下，这些商船在一艘荷兰军舰的护送下出航。④

四、对护航的评价

护航力量的短缺，并非英国护航体系中唯一令人诟病的地方，一些相关

---

① Owen Rutter, *Red Ensign*: *A History of Convoy*, p. 100.
② H. W. Dickinson, *Educating the Royal Navy*: *Eighteenth and Nineteenth Century Education for Officers*, London; New York: Routledge, 2007.
③ 士麦那（Smyrna），古城名，今称伊兹密尔，土耳其西部港市。
④ Owen Rutter, *Red Ensign*: *A History of Convoy*, p. 113.

人士也提出了对护航的其他反对意见。

　　1811年，一位资深商船船员理查德·霍尔·高尔出版了一本小册子，其题目为《评估伴随护航而来的危险，向英国所有商船主诚挚的推荐：这个能够更好地规避海上风险和被捕获灾难的建议》。在这本小册子中，高尔列举了他对于护航体系缺点的看法：第一，在被护航时，大批商船要先在指定地点集合，这势必会耽搁商船的时间。在航行时，船队的速度必须要照顾到速度最慢的商船，速度较快商船的航行时间则会被迫延长，他们在运输上的开支较之单独航行时势必会增加。而且，如果商船运载的是易腐烂的货物，这些耽搁所造成的后果将可能更严重。第二，护航将可能导致更大的损失，因为如果商船在单独航行时遭遇劫掠船，只有它自己会被俘获，但如果是一支护航编队遭遇到劫掠船且劫掠船的力量强于护航力量，那么编队中全部或者大部分的商船将可能被俘获。这种情况在以往的战争中已经发生太多次，所以，"派出大型的护航编队是没有用的，除非护航力量强大到足够去应对任何攻击"。第三，如果护航编队受到来自海岸的攻击或者遭遇风暴而被驱散，剩下的商船只能任由敌人摆布。第四，在强制性护航政策实施后，由于对护航的依赖和护航编队普遍缓慢的航行速度，商船船东们已经对建造速度更快、性能更好、武器装备更优良的商船不感兴趣了，长此以往，势必会严重影响英国航运业的发展。

　　高尔最后总结道，护航没有给英国的海上贸易带来任何好处，"事实上，护航体系就是这个国家一项失败的政策……因为，在护航体系中，耽搁和全部被捕获的风险对于商船所造成的损失，要超过商船单独航行所可能导致的损失"。[①]

　　除了高尔外，还有许多商船船东也对护航体系表示出不满。他们还提出：在被护航时，大量商船将在同一时间到达目的地，而大量货物的同时涌入势必会降低其市场价格，减少收益。因此，许多船东，特别是拥有较快速度商船的那些船东更愿意他们的商船单独航行，他们认为，第一个到达市场所能够获得的好处要重要于在途中被俘获的风险。[②]

[①] Owen Rutter, *Red Ensign*: *A History of Convoy*, p. 106.
[②] John Winton, *Convoy*: *The Defence of Sea Trade*, 1890–1990, p. 14.

第一章　护航的出现与发展（17世纪中叶至19世纪初）

由此，对于英国的护航政策，我们可以做出如下的评价。

首先，在这一时期，护航在保护英国海上贸易的安全方面的确起到过相当大的积极作用，这是毋庸否认的。在之前的内容中，这一点已有涉及，此处便不再赘述。

其次，还应该认识到，随着英国海上贸易的扩张和商船数量的不断增加，英国的护航体系开始出现护航力量短缺的严重问题，且已经给海上贸易造成了损失。而且，随着英国造船技术的不断发展，商船间性能、速度等的差异也在逐渐增大，高尔和一些商船船东因此而产生的不满也是合理的。

最后，到了19世纪中后期，由于国际局势的相对和平、工业革命的进程进一步深入，英国的海上贸易迅速发展，商船数量快速增多。而且在这一时期，蒸汽动力逐渐取代风帆成为船只的主要动力，在相当长的一段时期里，蒸汽船和帆船共存于英国的海上贸易中，商船间性能、速度等的差异较之前更大。在这种情况下，护航的有效性势必会遭到更多的质疑。

综上所述，从17世纪中叶至20世纪前期，护航是英国最为主要的海上贸易保护政策。但是，在这一时期，除护航外，英国还采取了其他的一些辅助措施。

第一，派遣军舰在某一海域巡航。当然，保护途经该海域商船的安全往往只是巡航军舰的任务之一，甚至只是其一个次要任务。这一时期英国巡航军舰的常规任务更多的是攻击敌国的贸易商船、封锁或攻击敌国的舰队等。例如，在第一次英荷战争期间，英国曾派遣舰队在英吉利海峡和西部通道海域①（见图1-1）巡航，其任务是保护途经本海域的英国商船和攻击荷兰的贸易商船。再如，在第二次荷兰战争期间，除了安排护航外，英国也曾派遣军舰在西部通道海域巡航，以抵御可能来自法国的威胁。②

---

① 西部通道海域（Western Approaches），指位于英国西海岸外的一个矩形海域（南北长，东西短），其南北边界以英伦三岛南北所辖的海域为界，东部边界就是英国的西海岸，西部边界大体与冰岛的经度接近。英国的许多重要港口都位于这一海域，几乎所有进出英国的贸易商船都要穿过这片海域。因此，西部通道海域一直都是英国战略防御的重点区域。（维基百科：http://en.wikipedia.org/wiki/Western_Approaches。）

② Owen Rutter, *Red Ensign: A History of Convoy*, pp. 42, 53.

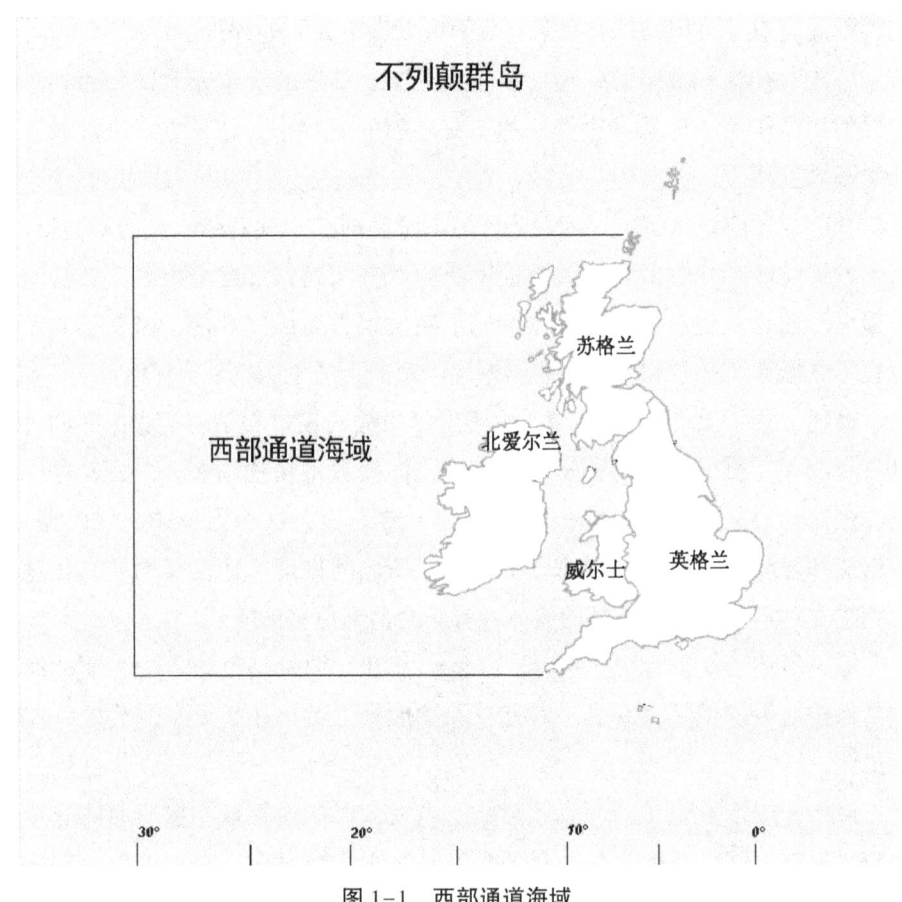

图 1-1　西部通道海域

第二，对劫掠船进行威吓和剿灭。当劫掠船的活动特别猖獗时，英国海军还会直接去威吓或者剿灭私掠船。例如，在 1677 年，为了威吓来自奥斯坦德的劫掠船，英国海军在奥斯坦德周边海域进行了一次示威性的海军演习，以"说服他们赔偿在非法掠夺行动中对英王臣民所造成的损失"。四个月后，由于"那个地方的人们对于英王已经变得更加尊敬"，英国海军撤回，但是，一支舰队仍奉命在奥斯坦德周边海域巡航，以捕获他们所遇到的任何私掠船。①

---

① Owen Rutter, *Red Ensign: A History of Convoy*, p. 55.

第二章

19世纪70年代
英国对海上贸易保护政策的重新探讨

在19世纪20年代希腊独立战争①之后至19世纪60年代，英国没有再对海上贸易保护问题予以专门关注，其原因主要在于：第一，这一时期英国所处的国际局势相对稳定，其海上贸易也基本处于相对安全的状态。虽然英国在50年代卷入克里米亚战争，但是，在这场战争中，英国的海上贸易并未遭受严重的攻击和劫掠。第二，在这一时期，随着蒸汽动力在军舰上的应用，英国朝野笼罩在"蒸汽桥噩梦"②之中，其战略重心也因此放在了对本土海

---

① 在19世纪20年代希腊独立战争期间，东部地中海海域的海盗活动十分猖獗。这些海盗绝大部分是希腊人。在战争之前，他们的许多头目都是从事海盗活动的逃犯。战争发生后，他们继续进行劫掠行动并进一步扩充了队伍。这些海盗凶狠野蛮、勇敢强壮，对周遭的海域、岛屿、天气等非常熟悉，他们以斯基亚索斯、士麦那的周边岛屿、克里特等为基地攻击劫掠商船，给英国的海上贸易造成了严重威胁。英国很快了解到，绝大部分海盗实际上受到了希腊临时政府的支持和授权。这使得英国相当恼火，因为在希腊反抗土耳其统治的斗争中，它是站在希腊临时政府一方的。英国向希腊提出抗议，但是希腊并未采取措施约束海盗，并称：他们授权海盗搜查商船只是为了发现战争违禁品。在这种情况下，英国只得重启护航体系。

② 蒸汽桥噩梦（the "Steam Bridge" Nightmare），是指在维多利亚时代的早期和中期，英国对于法国蒸汽军舰将穿越英吉利海峡侵入英国本土的担忧。1844年5月，法国的约恩维利王子编写了一本题为《关于法国海军状况的说明》（*Notes Sur L'etat des Forces Navales de la France*）的小册子，探讨如何增强法国的海军实力。他指出，以往在风帆时代，英国在海上之所以能取得巨大成功，其决定因素有两个：一是拥有优势数量的军舰，二是拥有为数众多、训练有素的海员。但是，当蒸汽成为军舰的主要动力之后，军舰的行动便不再由风和潮汐决定，对海员技术的要求也不像风帆时代那么高了。因此，法国应该在蒸汽船技术的应用和发展上走在前头，"率先建造蒸汽军舰，装备先进武器，以技术上的优势打败英国海军"。1849年，法国建造了世界上第一艘以蒸汽机为主动力装置的军舰"拿破仑"号。在这种情况下，英国开始思考：法国积极建造蒸汽军舰对未来可能发生的英法战争将产生什么样的影响。以陆军元帅威灵顿公爵和首相帕麦斯顿为代表的英国官员们认为：以蒸汽为动力的法国军舰将不再受潮汐和季风的限制，能够在任何季节从任何方向到达英国本土的任一处海岸，包括以前从未被成功入侵过的地方，如海峡群岛等。正如帕麦斯顿所说："英吉利海峡已不再是屏障，蒸汽军舰已经在风帆时代军队难以跨越的海峡上架设了一座'蒸汽桥'。"在整个维多利亚时代的早期和中期，这种"蒸汽桥噩梦"一直笼罩着英国人。他们一直在担心：一批法国蒸汽船将会载着一支陆军在英国某一处海岸登陆。因而，在19世纪中期的一段时期里，英国对于陆军建设和本土海岸防御给予了相当的重视。（D. M. Schurman, *Imperial Defence, 1868-1887*, p. 158.）

岸的防御上。① 但是，进入19世纪70年代以后，随着英国海上贸易重要性的日渐提高和国际局势的日趋紧张以及种种新情况的出现，英国开始重新对海上贸易保护政策展开探讨。

第一节　19世纪70年代英国重新探讨海上贸易保护政策的背景

英国在19世纪70年代重新探讨海上贸易保护政策，其主要背景一方面是海外贸易对英国的重要性不断提升，另一方面是俄、法对英国海上贸易的攻击意图日益显露。

一、19世纪后期至20世纪初英国海上贸易的重要性

19世纪中期以后，随着英国产业革命进程的深入和工业化程度的日益提高，海上贸易于英国已经变得极为重要。如果在以前英国经济基本能够自给自足时，可以将海上贸易称为英国经济的"奢侈品"，那么，在这一时期，海上贸易已经逐渐成为维系英国生存与发展的"必需品"。考虑到英国海上贸易的发展及其重要性的提高是一个连贯的过程，所以笔者在这里对19世纪后期至20世纪初英国海上贸易的情况做一个整体探讨，在后几章中便不再赘述。

---

① 1846年，威灵顿公爵就曾提出，由于蒸汽动力在船舰上的应用，英国本土海岸更易遭到入侵，而英国的陆军实力和海岸防御能力令人担忧。1847年，他又提出："法国的蒸汽军舰已经彻底摧毁了英国的传统海军优势……只依靠海军进行防御是不够的，战争发生一周后我们就将处于危险状态。"1859年，这种担忧一度在英国引发恐慌，帕麦斯顿任命一个皇家委员会调查英国本土海岸的防御情况。经过调查，委员会认为，由于武器装备技术的变革，英国海军已不能保证英国的安全，英国在战略上应加强本国的陆军力量，英国本土的海岸防御也需要加强。委员会提出：为加强防御，一方面，应该在岸上建造要塞并安装炮台；另一方面，应将使用蒸汽发动机和螺旋桨的战列舰和护卫舰部署在近海岸的水域，陆上的固定炮台和海上的机动舰炮相互配合，强化防御。这个结论倡导"要塞防御英格兰"（Fortress England），而忽略了英国海军的传统作用。（Roger Parkinson, *The Late Victorian Navy: The Pre-dreadnought Era and the Origins of the First World War*, pp. 10-11; George Wrottesley, *Life and Correspondence of Field Marshal Sir John Burgoyne*, Vol. II, London: Richard Bentley and Son, 1873, p. 450; J. H. Rose, A. P. Newton, *The Cambridge History of the British Empire*, Vol. II, The Growth of the New Empire, 1783-1870, Cambridge: Cambridge University Press, 1940, p. 826.）

第二章 19世纪70年代 英国对海上贸易保护政策的重新探讨

（一）19世纪后期至20世纪初英国海上贸易的发展概况

在19世纪中后期，随着工业革命的深入开展和自由贸易政策①的实施，英国已经成为名副其实的贸易大国。据统计，1820—1850年，英国在世界贸易总额中所占的比重由18%上升到21%。② 在1860年左右，英国占了欧洲对外贸易量的30%，欧洲出口工业品的43%。③ 在1870年，英国的对外贸易量已经超过法国、德国和意大利的总和。④

虽然在19世纪70—80年代以后，英国工业的增长速度下降（详见表2-1），对外贸易的增长速度也随之变缓，但是其进出口贸易总额仍在继续增加。⑤ 据统计，1880年英国对外贸易总额约为6.9亿英镑，1890年增至7.5亿英镑，⑥ 1900年则增至8.7亿英镑以上。⑦ 但是，在19世纪后期至20世纪初，对外贸易对于英国的意义已不仅仅在于金钱上的价值——英国对外贸易或者直接可以说海上贸易的畅通与否已经成为决定英国经济兴衰乃至国家存亡的重要问题。这主要是因为在这一时期英国在食品、原材料的供给和商品的销售等方面对海外的严重依赖。

---

① 在19世纪前期和中期，随着英国工业和贸易的发展，在工业资产阶级的积极要求下，英国的基本经济政策逐渐由贸易保护主义向自由贸易过渡。1846年6月，英国废除了《谷物法》，标志着英国开始全面放弃贸易保护政策。1840—1860年，英国纳税商品的种类从1100多种减少至50种。1860年，英法签署商约，消除了英法之间的关税壁垒，英国削减法国酒的进口关税，法国则削减英国出口的煤、铁、钢、机械和纺织品的关税。之后，英国与比利时、意大利、奥地利等国也缔结了类似商约。英国自由贸易政策的实施，进一步促进了英国工商业的发展。（[英]阿·莱·莫尔顿：《人民的英国史》，谢琏造等译，北京：生活·读书·新知三联书店，1976年，第546—553页；王觉非：《近代英国史》，南京：南京大学出版社，1997年，第459—462、546页；[英]克拉潘：《现代英国经济史》（中卷），姚曾廙译，北京：商务印书馆，2017年，第312—323页。）

② 王觉非：《近代英国史》，第256页。

③ Peter Mathias, *The First Industrial Nation: An Economic History of Britain, 1700-1914*, London; New York: Methuen, 1983, p.251.

④ 王觉非：《近代英国史》，第541页。

⑤ 就此时期英国对外贸易的增长速度而言，如以英国19世纪50年代的出口指数为100，60年代则为159.5，70年代为217.9。从80年代起增长明显放慢，80年代的指数为230，90年代为236.9；如以英国50年代后半期的进口指数为100，60年代则为153.9，70年代为212.7，80年代为232.2，90年代为257.1。（Peter Mathias, *The First Industrial Nation*, p.468.）

⑥ [英]B.R.米切尔：《帕尔格雷夫世界历史统计》（欧洲卷），第609页。

⑦ May Sinclair Edward, *Principles and Problems of Imperial Defence*, p.212.

近代英国海上贸易保护政策的演变（17世纪中叶至20世纪初）

表2-1 英国工业的增长率（1860—1890）

年份	工业增长率（单位:%）
1860—1870	33.2
1870—1880	20.8
1880—1890	17.4

资料来源：Phyllis Deane, W. A. Cole, *British Economic Growth, 1688-1959: Trends and Structure*, Cambridge: Cambridge University Press, 1964, p.297。

(二) 英国工业在原材料来源和商品销售上对海外的依赖

18世纪后期，英国率先开始进行工业革命。在19世纪初期工业革命完成以后，英国的工业不仅在欧洲，而且在全世界获得了领先地位，成为名副其实的"世界工厂"。1820年，英国的工业总产值占到世界工业总产值的50%。虽然此后其他国家的工业化程度也有了提高，但是在1850年英国的工业总产值仍占世界总产值的39%。到1860年，英国的工业品占了世界工业产品总量的40%—50%，占欧洲工业品总量的55%—60%。①

英国的这些工业产品中有相当大的比重出口到海外。据统计，在19世纪中期，英国的工业产品中约有一半销往国外，英国成为当时世界上最突出的外向型经济国家。例如，1849—1851年，英国棉纺织业的产品有61.4%销往海外；1850—1854年，英国毛纺织业和钢铁工业的产品分别有25%和38.7%销往海外，此时期亚麻工业销往海外的产品比重也逐渐超过20%；② 1850年，英国有四分之一的生铁销往国外。据统计，1830年英国的出口总值是6900万英镑，到1850年，这个数字已增至1.97亿英镑。③

英国工业的发展也意味着对更多原材料的需求。以棉纺织业为例，1780—1800年，英国对原棉的需求量从年均655万磅增至5160万磅，到1850

---

① Francois Crouzet, *The Victorian Economy*, London: Routledge, 2006, pp.4-5.
② Phyllis Deane, W. A. Cole, *British Economic Growth, 1688-1959*, pp.187, 196, 205, 225.
③ 王觉非：《近代英国史》，第542页。

第二章 19世纪70年代 英国对海上贸易保护政策的重新探讨

年,这个数字已经增加到6.3亿磅。① 而且,由于国内资源有限,在19世纪中期,英国工业所使用的原材料中相当大一部分来自国外。例如,1845—1849年,在英国毛纺织业的原料来源上,进口原料的比重高达43%。②

19世纪中期以后,英国自由贸易政策的全面实施和关税的消减,进一步推动了英国进出口贸易的发展。

在原材料的进口方面,以木材为例,1856—1859年这四年间,英国所使用的本国木材和外国木材按重量计差不多相等,到1886年,按重量计,外国木材的比重已占到五分之四。正如英国经济学家克拉潘所说:"在19世纪80年代的不列颠,没有木材进口,经济生活就维持不了6个月,在某些季度甚至维持不了3个月。"③ 再来看棉花,1880—1884年,英国所消耗的棉花有74%来自美国,还有相当一部分来自印度。④ 19世纪60—90年代,在英国的毛纺织业中,进口羊毛的比重为50%—80%,详情见表2-2。此外,亚麻、大麻、黄麻等原材料的进口量也与日俱增。⑤

表2-2 英国毛纺织工业进口原料比例

年份	1865—1869	1875—1879	1880—1884	1885—1889	1890—1894	1895—1899
比例	49%	55%	65%	74%	74%	80%

资料来源:Phyllis Deane, W. A. Cole, *British Economic Growth*, *1688-1959*, p.196。

在制成品的出口方面,在19世纪60—90年代英国几个重要的工业部门中,棉纺织业产品的出口比例为60%—80%,毛纺织业产品的出口比例为30%—40%,钢铁工业的出口比例约为40%,详情见表2-3、表2-4和表2-5。

---

① B. R. Mitchell, *Abstract of British Historical Statistics*, Cambridge:Cambridge Univ. Pr., 1962, pp.178-179.
② Phyllis Deane, W. A. Cole, *British Economic Growth*, *1688-1959*, p.196.
③ [英]克拉潘:《现代英国经济史》(中卷),第285页。
④ 同上,第288页。
⑤ 同上,第288—289页。

表2-3 英国棉纺织工业产品出口比例

年份	1869—1871	1879—1881	1883—1885	1889—1891	1894—1896
出口比例	67.1%	74.0%	68.5%	71.4%	78.6%

资料来源：Phyllis Deane, W. A. Cole, *British Economic Growth, 1688-1959*, p.187。

表2-4 英国毛纺织工业产品出口比例

年份	1865—1869	1870—1874	1880—1884	1885—1889	1890—1894
出口比例	37%	43%	33%	32%	29%

资料来源：Phyllis Deane, W. A. Cole, *British Economic Growth, 1688-1959*, p.196。

表2-5 英国钢铁工业产品出口比例

年份	1865—1869	1870—1874	1880—1884	1885—1889	1890—1894
出口比例	42.1%	40.5%	37.2%	40.1%	38.5%

资料来源：Phyllis Deane, W. A. Cole, *British Economic Growth, 1688-1959*, p.225。

综上所述，在这一时期，作为一个工业强国，英国在原材料的供给和制成品的销售上对海外有着严重的依赖。对于这时的英国来说，海上贸易的安全和畅通是维系其经济发展的关键所在。

（三）英国在食品供给上对海外的依赖

英国工业革命开始后，尤其是进入19世纪以后，随着人力和资金日益向更有利可图的采矿业、制造业等部门集中，英国农业等相关部门相对衰落。据统计，1801—1851年，在英国的总职业人口中，农林渔业所占的比重由35.9%下降至21.7%，而制造业和采矿业的比重由29.7%上升至42.9%。工农业产值的比重也发生了显著变化，1801—1851年，在英国的国民生产总值中，农林渔业所占比重由23.5%下降至20.3%，而工业（包括制造业、采矿业和建筑业等）所占比重由23.4%上升到34.3%。[①] 到19世纪中期，英国已经成为世界上工业化程度最高的国家，农业在国民收入中所占份额已不足四

---

① Phyllis Deane, W. A. Cole, *British Economic Growth, 1688-1959*, pp.142, 166.

第二章 19世纪70年代 英国对海上贸易保护政策的重新探讨

分之一。①

之后，在19世纪后期，英国的农业开始急剧衰落。1870年以后，英国农产品的数量实际上已不再增加。1881年，英国的农业收入仅为国民总收入的十分之一。②

之所以会出现这种情况，主要原因是：第一，1846年，英国废除了《谷物法》，③ 取消了对本国农业的关税保护。第二，19世纪中叶以后，交通运输业的发展④使海洋运输的价格大幅度下降。例如，1868年从芝加哥到利物浦每1/4英担⑤小麦的运价是11先令，到1892年下降到4先令3便士，到1902年进一步降到2先令10.5便士。⑥

在这种情况下，美国、澳大利亚等地的廉价谷物（主要是小麦）大量涌入英国。在《谷物法》废除后的20年里，英国谷物（主要是小麦）的平均年进口量是以前的三倍。⑦ 据统计，1846年英国进口的玉米和面粉平均到每人是17磅，到1858年，这个数值已经上升到了70磅，到1865年升至93磅，到1878年则升至188磅。⑧

---

① 王觉非：《近代英国史》，第547页。
② 同上，第547页。
③ 1815年，英国颁布了《谷物法》，规定当国内谷物价格低于每夸脱80先令时，禁止从国外进口廉价谷物，以保持国内市场谷物的高价。这维护了英国土地贵族和农场主的利益，但严重损害了新兴的工业资产阶级的利益。（王觉非：《近代英国史》，第460页。）
④ 在19世纪中后期，海上交通运输的整体发展趋势是：第一，蒸汽商船逐渐取代帆船成为海上运输的主要工具。第二，随着造船技术的不断发展，蒸汽商船的载重量、速度、适航性、安全性等性能不断提高，货物运输成本则相应减低。船舶的具体发展情况可参见杨槱：《轮船史》，上海：上海交通大学出版社，2005年。此外，对于这一时期的海洋船运，在经济史的相关论著中也多有涉及，例如斯蒂芬·布罗德贝里等编著的《剑桥近代欧洲经济史》（Stephen Broadberry, Kevin O'Rourke, *The Cambridge Economic History of Modern Europe*, Cambridge: Cambridge University Press, 2010.）、克拉潘编著的《现代英国经济史》（中卷）、菲利斯·迪恩等编著的《英国经济发展，1688—1959》（Phyllis Deane, W. A. Cole, *British Economic Growth, 1688-1959*）、彼得·马蒂亚斯等编著的《从18世纪至今国际贸易和英国的经济发展》（Peter Mathias, John A. Davis, *International Trade and British Economic Growth: From the Eighteenth Century to the Present Day*, Cambridge, Mass.: Blackwell, 1996.）等。
⑤ 英担（Hundredweight，简写为cwt），系英制重量单位，等于1吨的1/20。在英国，1英担为112磅，在美国，1英担为100磅。（袁恩恒：《英汉国际贸易与经济管理详解词典》，北京：经济科学出版社，1995年，第373、748页。）
⑥ 王觉非：《近代英国史》，第619页。
⑦ 同上，第551页。
⑧ *Hansard*, HC Deb 20 April 1882, Vol. 268, cc. 1039-1040.

国外廉价谷物的涌入使得英国国内市场的粮价一降再降。在1875年，小麦的价格为每1/4英担2.5英镑，到1894年已降至1.14英镑。① 伦敦4磅重面包的年度平均价格，也从1850—1859年的8.5便士降至1880—1886年的6.75便士以上，甚至在1870—1876年高物价和高工资的那七年之中，也只不过8便士，在1887年已跌至将近5.5便士。②

谷贱伤农，这一时期大批英国农民离开农村移居城镇或海外，③ 大片农田也被废弃。在19世纪后期，英国各类谷物的种植面积（除燕麦外）都有不同幅度的缩减，尤以英国的主要食物——小麦最为突出。详细情况见表2-6。

表2-6 英国主要谷物种植面积　　　　　　　　　　　　单位：千公顷

年份	小麦	大麦	燕麦	其他谷物④
1870	1417	960	1118	369
1875	1352	1016	1078	378
1880	1177	998	1132	284
1885	1003	913	1109	290
1890	966	854	1175	256
1895	573	877	1334	211

资料来源：[英] B.R.米切尔：《帕尔格雷夫世界历史统计》（欧洲卷），第263页。

在这种情况下，在19世纪后期，英国在小麦的供应上出现了对进口的严重依赖。据统计，早在1851年，英国人所吃的面包中就有四分之一是外国货。1852—1859年，英国所消费的小麦中有26.5%—30%来自国外。1860—1867年，这个比重增加到了40%；1868—1875年则已经升至50%；到19世纪70年代末（即1876—1878年），已肯定超过了50%，并更接近于60%；在

---

① 王觉非：《近代英国史》，第619页。
② [英] 克拉潘：《现代英国经济史》（中卷），第582页。
③ 19世纪后期，在英国总从业人口中，农业人口所占的比例持续下降：1861年为18.7%，1871年为15.1%，1881年为12.6%，1891年为10.5%，1901年为8.7%。（Phyllis Deane, W. A. Cole, *British Economic Growth*, 1688-1959, p.142.）
④ 指黑麦、混合谷物、豆类。（B.R.米切尔：《帕尔格雷夫世界历史统计》（欧洲卷），第269页。）

80年代初,已经突破了60%。① 虽然在1880年以后,小麦和面粉进口量的增长并不是非常快,但是,这么说是毫不夸张的:"在这一时代之末,岛上居民所吃的每三个面包中的两个是来自海外的。"②

此外,在19世纪末,英国所消耗的肉有大约一半来自国外,此外还有大部分的蔬菜和水果以及全部的糖、大米、茶叶、咖啡等来自国外。③

据统计,从19世纪70年代至90年代初的20年间,英国的本土食物生产基本停滞不前,英国的人口增长则超过了20%,而食品的空缺都是通过进口来弥补的,因此这一时期英国的食物进口总量增加了88%。而且,一旦英国主要食品小麦的进口被切断,其国内的库存只能维持6.5个星期到17个星期的供给。④

英国,这个曾经的农业大国,在19世纪后期至20世纪初已经变成了一个主要的工业国家,正如英国经济学家克拉潘所评论的那样:"不列颠已经成为一个工业国和一个贸易国,她靠自己制造品的出口为生,她无法长期满足自己在食品方面的需求,也无法在本国为自己的工业找到充分的原料。"⑤ 在这种情况下,如果在战争中英国的海上贸易被切断,将很可能导致国内严重的饥荒,从而带来毁灭性的灾难。

综上所述,在19世纪后期至20世纪初,海上贸易的安全与畅通于英国有着特殊的重要性,正如英国历史学家阿瑟·马德所说:"海上贸易对于英国的意义与其他国家大大不同,不仅仅是在金钱损失的程度上(这项损失也并不是致命的)……而是英国这个国家只能通过他的贸易而生存,贸易就是他至关重要的'生命血液'。"⑥

二、19世纪70年代俄、法对英国海上贸易攻击意图的显露

在19世纪70年代,各资本主义国家掀起了新一轮的殖民扩张。各国在世

---

① [英]克拉潘:《现代英国经济史》(中卷),第16、283页。
② 同上,第283页。
③ Arthur J. Marder, *The Anatomy of British Sea Power*, p. 85.
④ Ibid., p. 85.
⑤ [英]克拉潘:《现代英国经济史》(中卷),第282页。
⑥ Arthur J. Marder, *The Anatomy of British Sea Power*, p. 84.

近代英国海上贸易保护政策的演变（17世纪中叶至20世纪初）

界范围内展开了对原料产地和商品、资本市场的激烈争夺，英国也卷入其中，其与法国、俄国的矛盾尤为突出。考虑到英国强大的海军实力和其庞大海上贸易的至关重要性，俄、法两国都对英国的海上贸易表现出明显的攻击意图。

在19世纪70年代后期的近东危机（1875—1878）中，英俄关系趋于恶化并几度濒临战争。在此期间，俄国曾显露出明显的攻击英国海上贸易的意图。

1877年年初，一支俄国舰队到达纽约，其由三艘巡洋舰组成，吨位都在2200—3200吨，是非常适合执行贸易攻击任务的舰型。[①] 5月17日，这支舰队满载着炸药和鱼雷离开纽约。[②] 英国政府内部对此推测：俄国应该正在计划用这支舰队攻击经由波罗的海到达美国的英国商船；之后，俄国的波罗的海舰队也开往好望角，意图攻击途经那里的英国商船。[③] 据统计，在柏林会议[④]的解决方案尚未达成以前，俄国在能够攻击到英国商船的海域总共部署了约22艘巡洋舰。[⑤]

此外，俄国的船只代理商们还试图从英美等国的船东手中租借或者购买能够改装成巡洋舰的快速蒸汽船。1878年4月9日，英国外务部给海军部送递了一份备忘录，其内容是关于俄国在美国购买和装备快速蒸汽船的意图。5月8日，英国驻北美地区舰队总司令发回了关于俄国在美国购买的蒸汽船"森布瑞亚"号情况的报告。报告称："现在，这艘船上有60名俄国军官和600名俄国海员……如果阁下已经收到任何关于俄国政府意图操纵这些船只攻击英国贸易的消息，我将马上派遣军舰阻止这种情况的发生。"1878年6月1日，海军指挥官格伦费尔在递交海军部的报告中提道："在汉堡，有一个俄国人成立的爱国主义协会，这个协会正在计划租用快速商用蒸汽船并将其改装成巡洋舰，然后打着俄国的旗帜在中国海域攻击抢掠英国的商船……据说，一些熟悉中国海域的著名的美国船长已经被邀请，甚至已经被雇佣为他们服务。"[⑥]

---

① Donald Mackenzie Schurman, *Imperial Defence, 1868-1887*, p. 29.
② *The Times*, 19 May. 1877, p. 7. 转引自 Roger Parkinson, *The Late Victorian Navy*, p. 18.
③ Roger Parkinson, *The Late Victorian Navy*, p. 20.
④ 柏林会议，指1878年俄土战争结束后，强国希望重建巴尔干地区的秩序而召开的会议。
⑤ Donald W. Mitchell, *A History of Russian and Soviet Sea Power*, London: A. Deutsch, 1974, p. 190.
⑥ Roger Parkinson, *The Late Victorian Navy*, p. 20.

第二章 19世纪70年代 英国对海上贸易保护政策的重新探讨

虽然在这次危机中,俄国最终没有真的去攻击英国的海上贸易,但英国认为俄国在未来战争中攻击英国海上贸易的可能性非常大。英国海军部官员曾对此评论道:在美国内战期间(1861—1865),俄国波罗的海舰队的军舰曾访问过纽约,其太平洋舰队的军舰曾访问过旧金山,美国南部联盟贸易攻击战的战果[1]必将给俄国人一个很大的启示:对于海军力量相对弱势的一方,贸易攻击战略是何等的有效。[2]

在19世纪70年代的法国,出现了"青年学派"(the Jeune Ecole)海军战略思想。这一战略思想鼓吹在战时应通过攻击英国的海上贸易来赢得战争的胜利,其主要观点有:英国将最有可能是法国的敌人;在战争中,法国应该采取贸易攻击战的方式对付英国,贸易攻击战既包括对敌方海上贸易进行攻击,也包括对敌方海岸进行攻击和破坏;为了适应贸易攻击战的需要,法国海军应偏重鱼雷艇、炮艇、巡洋舰等舰种;等等。下面对该战略思想的这些主要观点做简要的分析和介绍。[3]

青年学派海军战略思想家首先认为,英国将最有可能是法国的敌人。这一判断主要是基于以下两项因素:第一,法国和英国之间有竞争的传统;第二,法英之间的殖民争夺必将导致二者的冲突和战争。正如青年学派的重要代表人物亚森特·洛朗·泰奥菲勒·奥布所说,"英国及其海军是法国主要的

---

[1] 美国内战发生后,南部联盟对北方采取了贸易攻击战略,对其海上商船进行劫掠。南部联盟共投入19艘武装船只执行这一任务,战果最为显赫的是"亚拉巴马"号,它共捕获了68艘北部联邦的商船,掠夺的货物价值高达500多万美元。此外,军舰"萨姆特"号捕获、击毁了18艘商船,"塔拉哈西"号的战果是29艘,"谢南多黑"号捕获了36艘,"佛罗里达"号捕获了37艘。南方的这一行动给北方的海上贸易以沉重打击,北方损失船只共计258艘,损失的货物价值达2500万美元,特别是捕鲸业受到致命打击。贸易攻击还造成了更为深远的间接影响,引发了北方船东们的恐慌,许多海运公司卖掉了大量船只,有些公司完全放弃了海运业务,有些船只则加入了外国籍。到战争结束时,北方原来相当庞大的商船队伍缩减了一半以上。此外,贸易攻击还牵制了北方相当一部分海军力量。([美]斯蒂芬·豪沃思:《驶向阳光灿烂的大海:美国海军史,1775—1991》,王启明译,北京:世界知识出版社,1997年,第233页;丁一平等:《世界海军史》,北京:海潮出版社,2000年,第332—333页;Roger Parkinson, *The Late Victorian Navy*, p. 31。)

[2] Donald W. Mitchell, *A History of Russian and Soviet Sea Power*, pp. 176-177, 194.

[3] 对青年学派战略思想观点的分析和介绍,主要参考了以下论著:Roger Parkinson, *The Late Victorian Navy*, Woodbridge: The Boydell Press, 2008; Theodore Ropp, *The Development of a Modern Navy: French Naval Policy, 1871-1904*, Annapolis, MD: Naval Institute Press, 1987; Arthur J. Marder, *The Anatomy of British Sea Power: A History of British Naval Policy in the Pre-dreadnought Era 1880-1905*, London: Franck Cass, 1964; Arne Roksund, *The Jeune École: The Strategy of the Weak*; John F. Beeler, *British Naval Policy in the Gladstone-Disraeli Era, 1866-1880*, Standford, Ca., 1997.

敌人……这一假设的基础是法国和英国之间传统的竞争,还有法英未来冲突的一个可能来源,即对殖民地的争夺"。另一代表人物加布里埃尔·沙尔姆也提道:"遥远的海岸、未被占据的土地和广阔的未开化地区,是几乎所有欧洲国家主要关心的事务,他们必将会进行殖民行动和争夺。"①

在"英国将最有可能是法国的敌人"这一认识的基础上,青年学派战略思想家们提出:在未来的英法战争中,法国必须采取贸易攻击战对付英国。这也是青年学派海军战略思想的核心观点,其主要基于以下原因。第一,从英法两国海军实力的对比来看,法国的海军实力不可能超越英国,②所以,在与英国的战争中,法国应该放弃与英国海军进行军舰战斗的野心,而应采取更适合弱势海军的贸易攻击战方式。第二,从技术发展的影响上看,造船技术的发展等因素,尤其是蒸汽动力的使用和鱼雷艇的出现和发展,进一步增加了法国在舰队战斗中取得胜利的难度,但也增加了法国海军突破封锁、执行贸易攻击战的可能性。第三,从贸易攻击战可能达到的战略效果来看,贸易攻击战往往能够决定一场海上战争的胜负。而且,考虑到此时期英国在原材料、粮食和商品销售上对进出口的依赖日益严重,对英国海上贸易的攻击和由此导致的贸易停滞,将会引发英国经济的崩溃、国内严重的饥荒和社会政治的动荡乃至革命的爆发,并最终迫使英国屈服。第四,历史的经验已经证明了贸易攻击战的战略效果,在美国内战期间,南部联盟组织军舰攻击北方的海上贸易,就曾给北方造成了严重的损失。③ 此

---

① Arne Roksund, *The Jeune École*:*The Strategy of the Weak*, p. 7.
② 据法国青年学派战略思想家们分析,法国的海军实力是不可能超过英国的,这是因为:第一,经济实力和工业实力是海军建设的基础,英国的经济实力、财政状况、造船水平要好于法国。第二,由于岛国的地理特点,英国可以全力发展海军,而为了提防陆上强邻德国,法国必须将相当一部分精力和资金放在陆军建设上。(Arthur J. Marder, *The Anatomy of British Sea Power*, p. 86; Arne Roksund, *The Jeune École*:*The Strategy of the Weak*.)
③ 在美国内战期间,南部联盟对北方的贸易攻击战虽未改变战争的最终结果,但是成功地迫使北方将执行封锁任务的许多军舰调去保护贸易,使得北方"所谓的海洋霸权变得破烂不堪",也使得美国商船的保险费升至天文数字,商船船东被迫停止海运或将商船转让到国外,美国从此失去了曾经能够挑战英国的船运优势。(James M. McPherson, *Battle Cry of Freedom*:*The Civil War Era*, New York:Oxford University Press, 1988, pp. 547 – 548; Arne Roksund, *The Jeune École*:*The Strategy of the Weak*, p. 19.)

第二章 19世纪70年代 英国对海上贸易保护政策的重新探讨

外,"奥古斯塔"号①的事迹也证明了"一艘单独的贸易攻击军舰"对"一支优势的海军力量"所能够起到的破坏作用。②

为了适应贸易攻击战的需要,青年学派战略思想家们认为:法国的海军力量不应该以大型战列舰为主力,而应该以鱼雷艇、炮艇、巡洋舰等舰种为主。这是因为,从军舰性能上讲,这些舰型更适合执行这一作战任务。从经济角度考虑,建造大型战列舰是极其昂贵的,而鱼雷艇、炮艇、巡洋舰这些舰型既造价低廉又用途广泛。所以他们进而提出,法国应该扭转当前在海军建设上对大吨位战列舰的偏好,应"将一艘具备多项功能的大吨位战列舰分化成一些小型的军舰,一部分上面安装舰炮,一部分安装撞杆,还有一部分负责鱼雷攻击。在战时,派遣一艘母舰跟随这些小型军舰并为它们提供食品、弹药等供给,它们就能够进行海上战争"。③

青年学派的海军战略思想在法国朝野颇受追捧,许多军政要员和知名人士都成为其追随者,如法国海军上将理查德·格里维尔、海军上将亚森特·洛朗·泰奥菲勒·奥布、政治家莱昂·布儒瓦和著名记者、作家、外国事务专家加布里埃尔·沙尔姆等。④

俄国的举动和法国青年学派战略思想的盛行自然引起了英国的警惕和对本国海上贸易安全的担忧。英国舆论提出:敌人可能正将他们的努力方向放在破坏和捕获我们的商船上,并且避免和我们的舰队发生决定性的战斗。他们可能希望通过切断原材料(这给予我们工作和工资)的供给来耗尽英国人民的耐心和决心,因为失去工资,甚至是被轻微地削减工资,都会使许多工人家庭的生存变得困难。持续的贫困将损害人们身体的健康,疾病和身体的

---

① "奥古斯塔"号最早是美国内战期间南部联盟的军舰,内战结束后转给了普鲁士海军。在普法战争(1870.7.19—1871.5.10)即将结束、德国(普鲁士于1871年1月18日建立了德意志帝国)港口被法国海军紧紧封锁之时,"奥古斯塔"号突然出现在法国罗什福尔港附近的海域,攻击捕获了几艘法国政府派遣的船只。几个小时后,它又出现在吉伦特河口,并捕获了几艘法国商船,而后又消失。不久后它被法国海军包围在西班牙的维哥港,直到战争结束。在"奥古斯塔"号短暂的突围期间,法国被其捕获的船只数目并不多,但是,它在法国产生的影响是巨大而恶劣的:法国国内报刊的报道想象着在爱尔兰岛海岸周围海域和海峡入口处有大量敌国军舰意图攻击法国船只,大西洋沿岸港口的贸易商会们纷纷要求海军的保护。法国海军也心烦意乱,派遣五艘军舰去警戒布雷斯特到巴约讷之间的海岸线,并命令地中海舰队对直布罗陀海峡进行紧密监视。此外,对商船的护航行动几乎耗尽了法国的海军资源。(Jack Greene, *Ironclads at War: The Origin and Development of the Armored Warship, 1854-1891*, Pennsylvania, 1998, pp. 205, 244; Arne Roksund, *The Jeune École: The Strategy of the Weak*, pp. 19-20.)

② Arne Roksund, *The Jeune École: The Strategy of the Weak*, p. 20.
③ Roger Parkinson, *The Late Victorian Navy*, p. 103.
④ Arthur J. Marder, *The Anatomy of British Sea Power*, p. 86.

近代英国海上贸易保护政策的演变（17世纪中叶至20世纪初）

虚弱又将削弱顽强勇敢的战斗精神。而且，如果在战争期间敌人切断了英国的海上贸易，国内生活必需品的价格必将大幅度上涨。当同时面临收入的减少和开支的猛增时，我们面前将会是一幅最阴暗的前景。①

综上所述，在19世纪70年代，面对英国海上贸易重要性的日益提高和法俄贸易攻击意图的逐渐显露，海上贸易的安全问题自然引起了英国当局的关注。但是，由于之前护航弊端的显现以及此时期诸如商船数量猛增、蒸汽动力在舰船上的应用、造船技术的快速发展、其他国家海军实力的崛起、海上通信技术的发展等种种新情况②的出现，英国传统护航政策的有效性受到质

---

① May Sinclair Edward, *Principles and Problems of Imperial Defence*, p. 211.

② 由于在整个19世纪后期和20世纪初，这些新情况一直是影响英国海上贸易保护政策调整的重要因素，且总是处在不断的发展变化中，所以对于其具体的影响，笔者将在下文对英国海上贸易保护政策调整的探讨中有所涉及，在这里仅对这些新情况做一概述。这些新情况主要是指以下内容。

第一，大约从18世纪后期开始，随着英国商船总量的不断增加，英国护航力量短缺的问题日益严重。而19世纪后期与之前相比，英国的商船总量更是有了一个惊人的增加。例如，在1788年，英国的商船总数为12464艘，商船总吨位为1278千吨；而在1870年，商船总数增至26367艘，总吨位则增至5691千吨；到1910年，商船总吨位已增至11586千吨。商船数量的猛增，自然大大增加了政府向其提供保护的难度。

第二，从18世纪后期到19世纪后期，在英国商船总量增加的情况下，由于技术的快速发展和其他国家海军实力的崛起，英国曾经毫无争议的海军最强国地位反而开始受到挑战。在19世纪中期以前，英国的强大海军优势一直建立在其木制帆船的压倒性数量上。由于造舰技术的长期停滞，这些军舰往往能够服役60年或者更长的时间，维持英国的海军优势是一个相对简单的任务。但是，在19世纪后期，随着蒸汽动力、螺旋桨和铁、钢等新技术的发展和新材料的应用，海军造舰技术在这一时期经历了比前边10个世纪合起来都要大的变化。其发展速度之快，正如著名海军历史学家莱尔德·克洛斯所评价的那样："如果只一艘1896年英国小型炮艇'树神'号和1850年海上的所有战舰对抗，她必然能够完全不受伤害地摧毁他们。"在这种情况下，"只要（海军）有一年没能跟上科技的发展，一个大帝国就可能被摧毁"。其他国家由此看到了赶超英国强大海军的契机，从19世纪后期开始，法、美、德、俄、日等国纷纷投入重金，积极建造现代化的新海军，英国海军最强国的地位开始受到挑战，这使得英国对其海上贸易的保护更加捉襟见肘。

第三，在19世纪后期，蒸汽动力等新技术、新设备在船舰上被日益广泛地使用，大大增加了英国海上贸易保护的复杂性。早在19世纪80年代，美国人约翰·费奇便成功建造了两艘以蒸汽为动力的船只。之后，蒸汽机被日益广泛地应用于船舰上。到19世纪后期，蒸汽动力已经取代风帆成为英国船舰的主要动力。此外，螺旋桨、铁、钢、新式武器等新技术和新装备在这一时期也被广泛地应用于船舰之上。这一切都使得这一时期英国海上贸易攻防战的基本特点发生了根本变化：不再是帆船木质军舰对帆船的攻击和保护，而主要是武器装备更为精良、以蒸汽为动力的新型军舰对蒸汽商船的攻击和保护。传统的护航政策在新的情况下是否还有效，自然也受到质疑。

第四，海上通信技术的发展。在19世纪初期，电报出现。1850年，英法两国之间铺设完成了世界上第一条海底电缆。随着19世纪60年代威廉·托马森和凯尔文爵士对海底电缆技术的进一步完善，在70年代，海底电缆在全世界多个海域被铺设。1902年，环球海底通信电缆建成。海上通信技术的发展，大大便利了舰船与陆上以及舰船之间的通信与交流，海上战争的特点较之前有了较大的变化，加剧了海上贸易保护的复杂性。（上述内容主要参考以下论著：[英] B. R. 米切尔:《帕尔格雷夫世界历史统计》（欧洲卷）；杨槱:《轮船史》；Arthur J. Marder, *The Anatomy of British Sea Power*; Daniel R. Headrick, *The Tools of Empire*, New York: Oxford University Press, 1981; May Sinclair Edward, *Principles and Problems of Imperial Defence*。）

第二章 19世纪70年代 英国对海上贸易保护政策的重新探讨

疑,英国开始就如何更有效地保护海上贸易展开探讨。

第二节 1874年亚历山大·米尔恩的"巡航航路"想法

早在1858年,当整个英国因笼罩在"蒸汽桥噩梦"中而将战略重心放在本土的海岸防御上时,时任海军部高级官员的亚历山大·米尔恩①就已经初步认识到保护英国海上贸易的必要性。他提出:"对于向本土运送原材料的英国商船来说,当它们在靠近本土的海域中航行时,法国对它们安全的威胁几乎和对英国本土的威胁一样严重。"②

在19世纪70年代第二次担任英国第一海军大臣时,米尔恩更加关注海上贸易的安全问题。1874年,他提出了一个较为全面清晰的关于英国海上贸易保护的新想法,即在英国主要航路两侧派驻巡洋舰并在航路上进行定期巡逻。其具体内容如下。

第一,关于保护海上贸易所需的海军力量。米尔恩认为,英国海上贸易商船面临的主要威胁是来自位于主要贸易航路附近的法国海军基地的快速巡洋舰,基于此,在海军力量方面,英国必须要满足以下两个要求:第一,在英国贸易商船可能遭遇危险的海域要拥有优势数量的巡洋舰;第二,为了尽可能减少法国及其可能的盟国——意大利对英国商船的威胁,英国要拥有足以封锁这两个海军强国主力舰队的优势数量的铁甲舰。③

第二,关于最危险的时期和最危险的海域。米尔恩认为,在战争爆发之时,英国海上贸易所面临的危险将是最严重的,所以在战争之前,英国就必须维持有足够的海军力量。此外,米尔恩还提出,因为在开阔的海域,商船

---

① 亚历山大·米尔恩(Alexander Milne, 1806-1896),1847年进入海军部任职。1860—1864年,任英国西印度舰队总司令。1866—1868年,任英国第一海军大臣。1869—1870年,任英国地中海舰队总司令。1872—1876年,再次任英国第一海军大臣。1878—1879年,任殖民地防御委员会主席。1878—1882年,任卡那封委员会委员。(参见维基百科:http://en.wikipedia.org/wiki/Sir_Alexander_Milne,_1st_Baronet。)

② John Beeler, *The Milne Papers*: *The Papers of Admiral of the Fleet Sir Alexander Milne, Bt., K.C.B.* (*1806-1896*), Aldershot, Hants, England; Burlington, VT: Ashgate, 2004, p.106.

③ Bryan Ranft, *Technical Change and British Naval Policy, 1860-1939*, p.2.

更有可能躲过攻击,所以在一条航路上,敌方舰队最有可能对商船发动攻击的地方将是航运较为集中的狭窄海域,例如波罗的海入海口等。他将这些海域称为"重点海域",并提出,除了波罗的海入海口外,全世界还有 18 个"重点海域"。①

第三,关于具体的保护方法。米尔恩提出,对海上航路进行保护,具体的方法应是在航路沿途设立一定数量的海军基地,由基地中的巡洋舰"对两个基地之间的航路维持一个有规律的定期巡逻"。②

第四,关于对各条航路的保护力度。米尔恩认为,英国对每条航路的保护力度不应该由财政预算和敌人的攻击力量决定,而应该取决于该航路上通过商船的数量和价值,也就是说,通过该航路的贸易额越高,对它的保护力度就应该越大。③

第五,关于军舰燃料(煤)的供给。米尔恩是最早注意到蒸汽时代下海上战争中煤的重要性的海军官员之一,他提出,在战争中,可以通过以下两个方式保障军舰燃料的供给:一是在航路沿途增设一定数量的加煤站,马尔维纳斯群岛④、圣赫勒拿岛、约克角⑤、乔治王湾⑥、塞得港⑦等地都是加煤站的合适设置地;⑧ 二是组建一支快速运煤船队,以便能在海上为军舰加煤。⑨

通过"巡航航路"来保护海上贸易并非米尔恩的首创,早在 16 世纪 20 年代,西班牙就曾尝试过这一方法。当时西班牙派遣船只在圣文森特角和亚速尔群岛⑩之间的海域巡航,以为商船提供一个"安全的海域"或者说"一条安全的航线"。但是他们很快发现:保护商船唯一有效的方法就是在整个航程都紧紧跟随着他们,也就是护航。⑪

---

① Bryan Ranft, *Technical Change and British Naval Policy*, *1860-1939*, p. 2.
② John Winton, *Convoy: The Defence of Sea Trade*, *1890-1990*, p. 17.
③ Bryan Ranft, *Technical Change and British Naval Policy*, p. 2.
④ 马尔维纳斯群岛(Islas Malvinas),英国称福克兰群岛(Falkland Islands),南美洲东南部群岛。
⑤ 约克角(Cape York),澳大利亚东北部海角。
⑥ 乔治王湾(King George Sound),澳大利亚南部海湾。
⑦ 塞得港(Port Said),埃及东北部港市。
⑧ D. M. Schurman, *Imperial Defence*, *1868-1887*, pp. 31-32.
⑨ Bryan Ranft, *Technical Change and British Naval Policy*, p. 2.
⑩ 亚速尔群岛(Azores),北大西洋东中部群岛。
⑪ John Winton, *Convoy: The Defence of Sea Trade*, *1890-1990*, p. 12.

第二章　19世纪70年代 英国对海上贸易保护政策的重新探讨

虽然在19世纪后期，由于造船水平的提高和航海技术的发展，船舰的适航性得到了很大的提高，但对于"巡航航路"这一想法的科学性和有效性，学术界仍颇有非议。英国历史学家约翰·温顿在《护航：对海上贸易的防御，1890—1990》一书中将米尔恩的想法称作是"一种偏见"。他认为，适用于保护陆地商路的巡逻方式并不适合在海上使用，因为海上的航路同陆地上的道路是不一样的，它们并不是现实存在着的有宽窄度的一条条"道路"，而是广阔无垠的海面。"这种'保护航路'的观念，其实是将商船穿越最频繁的那部分海洋错误地看成了有形存在的一条'道路'，……就好像当人们乘坐一艘船沿着一条航线航行时，他们真的能够在海面上看到'罗马大道'的痕迹一样。"① 历史学家布赖恩·兰夫特也持类似的观点，在《技术变化和英国海军政策》一书中，他将米尔恩的观点称为"误判"。②

但是，不可否认的是，米尔恩"巡航航路"想法的提出具有重要的开创性。他拉开了此后直至20世纪初英国海上贸易保护政策从"保护商船"（即护航体系）向"保护航路"调整的序幕，之后直到一战开始之时，英国具体的海上贸易保护政策都未背离"保护航路"这一重心。米尔恩还较早地认识到，在蒸汽时代的海军战争中燃料（煤）供给的重要性，为英国新时期海军整体战略部署提出了重要启示。19世纪70年代末，米尔恩成为卡那封委员会（The Carnarvon Commission）的委员，其思想的影响进一步扩大。

第三节　卡那封委员会的调研（1878—1882年）

在1875—1878年的近东危机中，俄国表现出明显的贸易攻击战意图，这引起了英国上下对本国海上贸易安全的严重担忧。危机结束后，英国政府开始思考在蒸汽时代下如何更有效地保护英国的海上贸易。1878年年底，卡那封委员会成立，前殖民地事务大臣卡那封勋爵（Henry Herbert, 4th Earl of Carnarvon, 1831-1890）担任委员会主席，该委员会的主要职责是就英国海上

---

① John Winton, *Convoy: The Defence of Sea Trade, 1890-1990*, p. 17.
② Bryan Ranft, *Technical Change and British Naval Policy*, p. 2.

贸易和海外领土的防御问题展开调研。①

为确保调研的全面性和客观性，委员会的成员既有自由党政治家（如托马斯·布拉西、休·奇尔德斯等），也有保守党政治家（如委员会主席卡那封勋爵等），且成员来自多个部门，如来自陆军部的约翰·西蒙斯将军和赫伯特·杰基尔上尉，来自殖民地事务部的亨利·巴克利（曾任英国开普殖民地②总督），以及一些来自财政部、海军部等部门的人员。③

就英国海上贸易保护问题，卡那封委员会主要访问和咨询了英国一些商船船东和海上保险业的代表、殖民地的总督们、英国海军部的高级官员们以及其他一些关注防御问题的知名人士。经过历时四年的考察，卡那封委员会最终形成了一份 255 页、30 多万字的报告。就海上贸易保护问题，该报告主要涉及以下几个方面：未来战争中英国海上贸易所面临的危险、护航是否依然有效、米尔恩"巡航航路"想法的落实等。

一、关于未来战争中英国海上贸易所面临的危险

经过多方调研，就这一问题，卡那封委员会主要得出以下结论。

第一，在未来战争中，英国海上贸易面临的危险要比之前设想的更为严重。报告指出：根据其他国家船舰建造技术的发展状况来看，在未来战争中，对英国海上贸易实施攻击的船舰的速度可能达到 14 节，而不是之前设想的 9 节，所以，认为英国蒸汽商船可以凭借自身巨大的速度优势来摆脱攻击者的设想是不可行的，英国海上贸易的安全形势不容乐观。正如海洋汽船公司的阿尔弗雷德·霍尔特在面对卡那封委员会询问时所说的那样："未来的'亚拉巴马'号④将给英国带来相当大的烦恼。"⑤

第二，在与不同的国家发生战争时，英国海上贸易所面临的危险程度也

---

① Donald Mackenzie Schurman, *Imperial Defence*, 1868–1887, p. 84.
② 开普殖民地（Cape Colony），英国在南非境内的殖民地，包括开普敦及其邻近地区，于 1806 年至 1910 年存在。
③ Donald Mackenzie Schurman, *Imperial Defence*, 1868–1887, pp. 63, 85.
④ "亚拉巴马"号是美国南北战争中南部联盟用于攻击北方海上贸易的船舰中战绩斐然的一艘，这里代指战争中敌国用来攻击英国海上贸易的船舰。
⑤ Roger Parkinson, *The Late Victorian Navy*, p. 31.

第二章　19世纪70年代 英国对海上贸易保护政策的重新探讨

将不同。报告中提到，询问对象们对俄国海军的评价普遍不高，例如海军部官员刘易斯·博蒙特就这样说道："我认为，现在（指1881年），无论是从海军人员的素质还是从军舰的材质和装备上看，俄国海军都不处于一个令人满意的或者说有效的状态。"① 据此，报告认为，如果将来英国与俄国开战，根据俄国现在所建巡洋舰的各项性能推测，他们对英国海上贸易的破坏程度应该会小于美国内战中南部"亚拉巴马"号军舰对北方贸易的破坏程度。但是，如果发生与美国的战争，形势则会恶劣得多，因为美国拥有漫长的大西洋海岸线，美国军舰能够很容易地接近英国主要的贸易航路，其巡洋舰将可能构成对爱尔兰和美洲周边航路的严重威胁。②

二、关于护航是否依然有效

如前所述，护航是英国传统的海上贸易保护政策，历史悠久，并曾经发挥过积极作用。因此，面对英国海上贸易所面临的威胁，卡那封委员会首先就护航在当前是否依然有效这一问题展开调研。

通过卡那封委员会的调查报告可知，作为海上贸易保护的受惠方，商船船东们对护航普遍持反对态度，他们认为：在蒸汽船已基本取代帆船成为海上贸易主要承载工具的今天，除非在绝对必需的情况下，护航作为海上贸易保护的主要方式已不再可行。例如，丘纳德航运公司的查尔斯·麦基弗这样说道："我认为，我们这些人（即船东）中的任何一位现在都不提倡护航。"白星航运公司的托马斯·亨利·伊斯梅也说道："我认为，护航给我们带来的坏处将多于好处。"劳埃德保险公司的威廉·扬也持类似观点，他表示："护航就像旧时代里的四轮大马车，在很大程度上已经过时了。"③

商船船东反对护航的主要理由如下。

第一，从商船的速度优势考虑，护航没有必要。船东们认为，在风帆时代的海洋上，特别是在风平浪静的天气里，帆船是非常容易受到攻击和损伤

---

① Roger Parkinson, *The Late Victorian Navy*, p. 51.
② Donald W. Mitchell, *A History of Russian and Soviet Sea Power*, p. 31.
③ Roger Parkinson, *The Late Victorian Navy*, pp. 25, 30.

的，所以军舰的护航是必需的。但是，船舶进入蒸汽时代以后，由于英国发达的造船工业和先进的造船技术，英国蒸汽船基本上可以代表当时世界上最高的造船水平，特别是高压复合蒸汽发动机发明以后，英国快速蒸汽船①的速度最高可达 14 节，高于当时世界上绝大多数军舰。英国海洋汽船公司的霍尔特曾自信地说，他公司的快速蒸汽商船能比任何可能遭遇到的攻击者跑得更快。当然，就委员会报告对未来战争中英国海上贸易所面临的危险程度的分析来看，船东们的想法明显有些过于乐观，他们低估了其他国家造舰技术的发展水平。

第二，从经济效益方面考虑，护航可能会影响收益。由于一些因素②，在新技术的采用和航行速度的提高上，英国的军舰往往滞后于商船。因此，船东们普遍认为，军舰护航势必会延长商船的航行时间，从而增加成本开支，不利于争夺市场，也会降低经济收益。英国海洋汽船公司的霍尔特称："希望被护航的商船一定是一艘速度慢的恼人的船只。"③

---

① "快速蒸汽船"和"慢速蒸汽船"这两个名词，是对英文文献中"Fast Steam Ship"和"Slow Steam Ship"的直译。在罗杰·帕金森所著的《维多利亚时代晚期的海军》一书中，对此有一个简单界定，即将速度在 10 节以下的蒸汽商船称为慢速蒸汽船。（Roger Parkinson, *The Late Victorian Navy*, p. 88.）

② 和商船相比，英国军舰在新技术采用和速度提高上相对落后，主要是基于以下两个因素。第一，在 19 世纪 60—80 年代中期，英国在海军建设上并不积极，在新技术的采用上实行"观察和等待"政策（Policy of "Wait and See"）。具体来讲，就是英国在建造军舰时对新技术的使用持谨慎而消极的态度，等待别国将新技术应用于军舰建造后，自己再采用。英国之所以实行这一政策，主要是因为英国海军的军舰数量庞大，任何造舰技术上的重大变革，都将使得原有的机械设备和军舰面临被淘汰的问题，这将产生巨大的开支。所以，当时的英国政府认为，只有当其他国家采用了新的造舰技术并对英国产生威胁时，英国才有采用新技术的必要。这个政策的具体表现有：19 世纪 40 年代，法国建造出以蒸汽为动力的军舰，随后，英国也建造了一艘同样的军舰；50 年代，法国建造了世界上第一艘铁甲舰"光荣"号，作为回应，英国随之建造了铁甲舰"勇士"号；70 年代，意大利建造了第一艘炮塔斜置式（En Echelon）战列舰，英国随即建造了同样级别的军舰"坚定"号。第二，军用船只在新技术的采用上也有一些限制。例如，在 70 年代出现的立式蒸汽发动机由于其更优的功率，很快被广泛地应用于商船。但是，由于在安装之后，这种发动机的顶端将完全暴露在船只吃水线以上，在战时将非常容易受损，所以英国军舰并未采用这种新型的发动机。他们使用的是能够安装在船只吃水线以下的发动机，上面有甲板能够起到保护作用，但是其功率相对较低。（Oscar Parkes, *British Battleships, Warrior to Vanguard, 1860-1950: A History of Design, Construction and Armament*, London: Seeley Service & Co., 1956, pp. 230, 316; David Evans, *Building the Steam Navy*, London: Conway Maritime, 2004; William Hovgaard, *Modern History of Warships*, London: E. & F. N. Spon, Ltd.; New York: Spon & Chamberlain, 1920, pp. 366-367.）

③ Roger Parkinson, *The Late Victorian Navy*, p. 30.

第二章 19世纪70年代 英国对海上贸易保护政策的重新探讨

第三，通信技术的发展使得护航不再是必需。在19世纪70年代末，伦敦与绝大多数英国本土、海外的主要港口之间，都已经铺设了电报电缆。船东们普遍认为，在战争时期，通信技术的发展一方面有利于英国及时获知敌方军舰的动向，另一方面也便于英国将这些情报及时告知港口周边的商船，使其能够躲避到港口内或者绕开危险海域，增加了商船避开攻击的可能性。英国海洋汽船公司的阿尔弗雷德·霍尔特提出："战争的警告应该提前传达给香港、上海、新加坡等港口，以使商船能够采取一些预防措施，例如留在一个中立港，或者改变路线离开可能有危险的海域。"①在这种情况下，护航自然没有太大的必要。

虽然船东对护航普遍持反对态度，也有一些船东提出，在几种特别情况下，护航应该还是有用处的。例如，英国海洋汽船公司的霍尔特认为，在英国与法国发生战争的情况下，如果商船装载非常贵重的货物在英国和直布罗陀海峡之间的海域航行，护航可能是必需的。丘纳德航运公司的查尔斯·麦基弗也提出："在类似的情况下（即在英国与法国发生战争的情况下），商船在穿越地中海到达马耳他的这段航路上也是需要护航的。"再如，英国北方汽船船东协会的代表 G. A. 劳斯提出，英国海军应对慢速蒸汽船进行护航。当然，他也强调，"考虑到船只的速度，也只有对慢速蒸汽船，军舰才能够进行护航"。②

总之，对于护航是否依然有效这一问题，商船船东们的基本态度是：除非在一些特别情况下，护航已经不再适用。

作为海上贸易保护的主要执行者，当时的海军部也基本持与商船船东类似的观点。但是，对于该用怎样的政策去代替护航，以更好地保护海上贸易，海军部尚未有一个明确的思路。

在面对卡那封委员会的问询时，时任海军部第一海军大臣的阿斯特利·库珀·基（Astley Cooper Key, 1821-1888；1879年8月至1885年7月在任）承认，由于在速度上的相对落后，英国军舰难以对快速蒸汽商船进行护航。至于慢速蒸汽商船和帆船，库珀·基称："仅从速度上讲，英国的一些巡洋舰

---

① Roger Parkinson, *The Late Victorian Navy*, pp. 36, 39.
② Ibid., p. 30.

是可以达到护航要求的。"但是,他又提出:"如果采取护航战略,商船必须要听从官方的统一安排,考虑到船东们的普遍态度,我能够猜想的到:船东们将相当不愿意承受由此带来的耽搁和不便。"

之后,库珀·基又引用了英国军舰建造部门的负责人纳撒尼尔·巴纳比在1877年的发言,进一步说明护航已不再适用的原因。1877年3月,巴纳比在海军建造中心发表演讲时声明:"我们将要面对的贸易攻击者是快速武装巡洋舰,面对它们的攻击,特别是晚上的攻击,而且是每天晚上的重复攻击,想要对慢速蒸汽船和帆船进行成功的护航是不可能的。"库珀·基重复了巴纳比的说法,并补充道:"即使敌舰不对商船开火而只是去撞击商船,他们也能很容易使整个护航编队陷入混乱之中。如果它们在夜间突然这样做,必将会引起大麻烦。"

库珀·基还认为,从当前英国可用的海军资源考虑,实施护航也是有困难的。他说:"虽然我还没有进行详细的调查研究,但是,有一点我能确定:如果英国同两个或者两个以上的海上强国同时作战的话,护航所需的海军力量将超过我们所能够承受的极限。"①

由第一海军大臣的态度可以看出,海军部对护航的反对态度也是比较明确的。但是,当卡那封委员会问到应该用怎样的海上贸易保护政策去代替护航时,库珀·基并未提出一个清晰可行的政策。面对委员会的问询,库珀·基试图淡化为本国海上贸易提供保护的必要性,便提出可以依靠中立国的商船来满足英国的需求。他这样说道:"英帝国的资源是如此丰富,损失的船只和货物将不会影响到这个国家的基本供应……需求必将催生供给,在战争期间,在因英国需求而产生的巨大利润的吸引下,中立国船只将会把所需物品带给英国。"他特别强调了战时的迫切需要——粮食的供给,称:"我坚信,如果战争局势真的如此恶劣,粮食将会通过中立国的船只运到英国。"②

库珀·基对战时中立国商船的信任,与1856年签署的《巴黎会议关于海上若干原则的宣言》有关。1856年4月16日,克里米亚战争交战诸国签署了这项宣言,宣言的第二条规定:挂有中立国旗帜的船只可以运载敌国的商品,

---

① Roger Parkinson, *The Late Victorian Navy*, pp. 29-31.
② Bryan Ranft, *Technical Change and British Naval Policy, 1860-1939*, p. 3.

第二章　19世纪70年代 英国对海上贸易保护政策的重新探讨

战时禁运品除外。① 这个规定实际是18世纪盛行的"自由的船只,自由的货物"观念的延续和体现。

客观来看,库珀·基将希望寄托于战时中立国商船的运输能力上,的确有些过于乐观。第一,在战时,敌国是否会遵守《巴黎会议关于海上若干原则的宣言》的规定、不攻击中立国的商船,是一个未知数,在历史上,签约国违约的事例可谓比比皆是。第二,即使中立国的商船不会受到攻击,按照条约规定,它也不允许运载战时禁运品。而对于战时禁运品的具体内容,条约并没有做出明确的限定,如果在战争中,英国的必需品被规定为战争禁运品,② 其结果可想而知。第三,即使在战时英国可以依靠中立国商船保障其需求,这也势必会给英国本国航运业造成不可挽回的毁灭性打击,在美国南北战争中,就曾发生过这样的情况。③

当然,我们也应该认识到,库珀·基并不是真的认识不到保护本国海上贸易的重要性,在委员会的进一步追问下,他最后承认:遭到攻击的确将会使船东和贸易商们蒙受重大损失,战时应该采取措施对英国的海上贸易进行保护。④

库珀·基最初之所以试图弱化保护英国海上贸易的重要性,其真实目的其实是为了借此掩盖自己在海上贸易保护政策构想上的贫乏。这从他之后的回答中可以看出。

在库珀·基承认了战时保护英国海上贸易的必要性之后,委员会调查员随即问道:"现在的海上战争较风帆时代已经有了很大的变化,在这种情况下,应该如何组织和指挥海军对海上贸易进行保护?"⑤

库珀·基的回答有些空洞,他这样说道:"我们要做的第一件事就是用我

---

①　世界知识出版社编:《国际条约集(1648—1871)》,北京:世界知识出版社,1984年,第427页。

②　这种假设在一战前不幸成为事实。1908年12月4日,伦敦海军会议召开,会议的最后议定书将粮食列为"有条件禁运品",并规定,"凡有条件的战时禁运品,经证明系运往供敌国军队或政府部门使用者,应予拿捕"。(王铁崖、朱荔荪、田如萱等:《战争法文献集》,北京:解放军出版社,1986年,第115、118页。)

③　美国内战结束后,美国原有的庞大商船队消失了一半以上,美国从此失去了曾经能够挑战英国的船运优势。(丁一平等:《世界海军史》,北京:海潮出版社,2000年,第333页。)

④　Bryan Ranft, *Technical Change and British Naval Policy, 1860-1939*, p. 3.

⑤　Roger Parkinson, *The Late Victorian Navy*, p. 30.

71

们的巡洋舰去覆盖海洋。"随后,他以战时对运粮船的保护为例做了进一步的阐述。当时英国粮食的两个主要来源地是北美和澳大利亚。库珀·基提出:在一场与法国的战争中,在地中海航路上航行的商船将面临严重的危险,因此,来自澳大利亚的粮食供给将受到影响。但是,只要美国保持中立,英国仍能够从美国和加拿大获得足够的粮食。甚至,如果美国也加入战争与英国敌对,英国也能够从加拿大获得足够的粮食,只要他们"对圣劳伦斯湾①的入口进行控制"。他声称:"(我们要)立刻在那些海域里建立我们的优势,封锁美国的港口,并在海面上和所有的海岸周边驻扎军舰,在海洋上做任何我们想做的事情。"②

库珀·基的回答虽然提到"封锁圣劳伦斯湾的入口""封锁美国的港口""驻扎军舰"等一些具体措施,但是,明显可以看出,当时他的脑中并没有一个清晰、全面、可行的政策构想,他使用的也多是一些诸如"用巡洋舰去覆盖海洋""建立优势""做任何我们想做的事情"等一些较为空洞的言辞。

库珀·基最后也坦承了这一点:"我不知道在我去海军部任职之前,他们曾经做过什么。但是,我自己还没有认真地思考过它(海上贸易保护政策)。"③

综上所述,无论是海上贸易保护的受益方——商船船东,还是海上贸易保护的主要执行者——海军部,都对护航政策表示出较为明显的反对态度。

三、关于米尔恩"巡航航路"想法落实的调研结果

如前所述,对于该用怎样的政策去代替护航,以更好地保护海上贸易,当时的海军部尚未有一个清晰、全面、可行的构想。所以,在这种情况下,在卡那封委员会委员亚历山大·米尔恩的积极推动下,委员会围绕其"巡航航路"想法的落实展开了调研。

根据米尔恩的想法,卡那封委员会首先调查了英国各条主要贸易航路的

---

① 圣劳伦斯湾(Gulf of Saint Lawrence),加拿大东南部海湾。
② Bryan Ranft, *Technical Change and British Naval Policy, 1860-1939*, pp. 3-4.
③ Roger Parkinson, *The Late Victorian Navy*, p. 30.

第二章　19世纪70年代 英国对海上贸易保护政策的重新探讨

价值和防御难度。其报告指出：在英国多条海上贸易航路中，北大西洋航路上的贸易量尤其巨大，这是英国至关重要的贸易动脉。在任何战争中，如果这条航路被切断，都必将导致英国的失败。此外，报告还提出：最容易遭到敌人（可能是法国或俄国）巡洋舰攻击和破坏的贸易航路是穿越地中海的航路。①

以此为基础，卡那封委员会进一步考察了每条贸易航路上需要设置海军基地和加煤站的地点。

在穿越北大西洋的贸易航路上，委员会报告提出：在战时，加拿大的哈利法克斯②将是一个非常重要的加煤站和避难港，除了战略位置的重要性外，这里还能方便地就近从加拿大的新斯科舍省得到质量上好的煤。此外，在纽约、巴尔的摩和费城③等地也需要设置加煤站。在绕合恩角④前往太平洋的贸易航路上，报告指出：里约热内卢⑤和佛得角⑥是需要设置加煤站的地方，虽然它们并不在英国的统治之下；此外，还有马尔维纳斯群岛。在穿越波罗的海的贸易航路上，报告指出：哥本哈根是唯一一个需要设置加煤站的地方。⑦

在穿越地中海的贸易航路上，报告指出：最必不可少的加煤站设置地是马耳他和直布罗陀，它们现在已经是英国的基地，英国已在那里修建了军事堡垒。另外，如果苏伊士运河在战时被封锁，所有驶往东方的英国船只将绕道好望角⑧，因此，好望角对英国军舰和商船的加煤、整修、避难来讲，也是一个非常重要的地方。⑨

在通向好望角的大西洋航路和通往东方的印度洋航路上，报告对加煤站选址的建议是圣文森特、阿森松岛⑩、圣赫勒拿岛和毛里求斯⑪等地。另外，

---

① Roger Parkinson, *The Late Victorian Navy*, p. 24.
② 哈利法克斯（Halifax），加拿大东南部港市，新斯科舍省的首府。
③ 纽约（New York）、巴尔的摩（Baltimore）和费城（Philadelphia）均为美国东部大城市。
④ 合恩角（Cape Horn），智利南部海角，位于南美洲最南端。
⑤ 里约热内卢（Rio de Janeiro），巴西东南部港市，1763—1960 年为巴西首都。
⑥ 佛得角（Cape Verde），非洲西部群岛。
⑦ Roger Parkinson, *The Late Victorian Navy*, p. 37.
⑧ 好望角（Cape of Good Hope），非洲西南部海角。
⑨ J. Holland Rose, E. A. Benians, A. P. Newton, *The Cambridge History of the British Empire*, Vol. 3, New York: The Macmillan Company; Cambridge, Eng.: The University Press, 1959, p. 233.
⑩ 阿森松岛（Ascension Island），南大西洋海岭中的一座火山岩岛。
⑪ 毛里求斯（Mauritius），印度洋西南部岛国。

报告还提出：为了战时帝国海军在南大西洋能够更有效地执行任务，在西蒙湾①建立一个海军基地是必需的。这是因为西蒙湾具有以下优势：第一，虽然此时这里还没有码头，但是它有建立深水港的天然优势，这样的锚泊地对英国最大型的军舰来说都是安全的；第二，这里有条件优良的仓库和工厂作坊，这就为煤、军备等军需物资的储存以及军舰的维修、保养提供了有利条件。

在远东海域的贸易航路上，报告提出：塞得港、新加坡和槟城②都是非常重要的加煤站设置地；作为英帝国在远东非常重要的基地，香港的防御在战时应该被进一步加强；锡兰（现斯里兰卡）也有一定的战略价值，在战时需要对其采取一些防御措施；此外，亚丁③不仅是一个重要的加煤站设置地，还是一个合适的海军基地的选址，在战时，如果敌国舰队能够通过苏伊士运河，驻亚丁的英国舰队将能够阻止其进入印度洋。报告还指出，澳大利亚的一些主要港口在战时会受到当地军队和已修筑的军事堡垒的保护，在需要时，这些港口可以成为英国舰队的行动指挥中心和商船的避难港。④

除了相关的调查工作外，委员会报告还对米尔恩的想法做了进一步的完善和发展。报告指出：必须对英国在海外的加煤站进行保护，而且，"防御得越牢固越好"。其原因如下：第一，在战时，如果英国商船遭遇到敌国巡洋舰的攻击，受到保护的加煤站可以成为商船的避难所。例如，报告曾提到，"除了增设的加煤站外，对于科伦坡⑤、加勒⑥、乔治王湾、悉尼、纽卡斯尔、新南威尔士⑦等现有的加煤港，在战时也需要加强其防御以使之成为合格的避难港"。第二，对加煤站进行防御，也是为了防止那里储藏的煤被敌方海军所用。例如，报告指出，"虽然乔治王湾主要是一个商用加煤站，但是在战时，为了防止那里储存的煤为敌方巡洋舰所用，也需要对其进行防御"。第三，保护战略位置重要的加煤站，也有利于保障战时英国海上贸易的畅通和军舰执

---

① 西蒙湾（Simon's Bay），非洲南部海湾。
② 槟城（Penang），亦称槟榔屿、槟州，今马来西亚13个联邦州之一，位于马来西亚半岛西北侧。
③ 亚丁（Aden），阿拉伯半岛西南部港市，扼守红海通向印度洋的门户，素有欧、亚、非三洲海上交通要冲之称。
④ Roger Parkinson, *The Late Victorian Navy*, pp. 37-38, 63.
⑤ 科伦坡（Colombo），今斯里兰卡首都，印度洋重要港口。
⑥ 加勒（Galle），斯里兰卡西南部港市。
⑦ 新南威尔士（New South Wales），澳大利亚东南部一州，首府为悉尼。

第二章 19世纪70年代 英国对海上贸易保护政策的重新探讨

行任务的顺利。例如,在谈及乔治王湾时,报告指出,"乔治王湾位于澳大利亚西南海岸,是来自西方的贸易商船的必经之地。因此,在战时,敌方海军很可能会占领它,并借此切断我们军舰和商船的往来。如果在战时能够对它进行妥善的保护,对于任何执行任务的英国军舰来说,它都将成为一个非常有用的海军港口"。①

至于如何对加煤站进行保护,卡那封委员会报告指出:相比较修筑陆地军事堡垒的高昂费用,从经济角度考虑,加大英国的海军建设、向加煤站派驻舰队应是更可行的选择。②

综上所述,在19世纪70年代,英国当局开始了对海上贸易保护政策的重新探讨。虽然在这一时期,英国并未形成一个完整系统的新政策,但是,卡那封委员会围绕英国海上贸易保护问题所进行的调研工作,对于下一步英国海上贸易保护新政策的确立有着重要的参考价值和指导意义。而且,面对卡那封委员会的问询,海军部暴露出在时代大变革的背景之下在政策相应调整上的滞后性和对一个专职海军参谋部门的需要,这促成了1882年海军部对外情报委员会的成立。该机构建立后发挥了一个初级参谋机构的作用,在19世纪80—90年代英国海上贸易保护新政策的形成和落实中发挥了极为关键的作用。

---

① Roger Parkinson, *The Late Victorian Navy*, pp. 37–38, 63–64.
② Eric J. Grove, *The Royal Navy since 1815: A New Short History*, New York: Palgrave Macmillan, 2005, p. 69.

第三章

19世纪80—90年代
海军封锁攻击政策的形成和落实

在19世纪80—90年代，随着国际紧张局势的加剧和法俄贸易攻击意图的愈加明显，英国海军部在1882年组建了对外情报委员会（1887年该机构扩建为海军情报处），对海上贸易保护问题进行了系统的探讨，最终确立了海军封锁攻击政策。随后，在战争危险迫近的形势下，在80年代后期和90年代，英国积极推动该政策的落实。

第一节 19世纪80—90年代
海军封锁攻击政策出台的背景

由于国际紧张局势的加剧和法俄贸易攻击意图的日益明显，以及19世纪后期海权思想在英国的发展，英国在19世纪80—90年代出台了海军封锁攻击的政策。

一、国际紧张局势的加剧和法俄贸易攻击意图的明显

在19世纪80—90年代，英国与法、俄两国由于殖民扩张冲突而产生的

第三章　19世纪80—90年代海军封锁攻击政策的形成和落实

矛盾①愈加尖锐，多次出现紧张局势乃至战争危机。② 其间，法俄两国意图对英国发动贸易攻击战的迹象愈加明显。

在前文中曾谈到，在19世纪70年代的法国，宣扬对英国实施贸易攻击战的青年学派的海军战略思想颇受追捧。1886年1月，青年学派战略思想的重要代表人物奥布被任命为法国海军部长，这一战略也随之成为法国的主导性海军战略，并对法国的海军建设和军事部署产生了决定性影响。③

在海军建设上，奥布停止了1880年开始的4艘大型战列舰的建造工作，将节省下来的资金用于建造6艘大型和10艘小型的巡洋舰。同时，他还开始了另外一项大规模的军舰建设计划，包括20艘大型鱼雷艇、100艘普通鱼雷艇、50艘炮艇和3艘装甲海岸防御舰（战时可用作小型军舰的母舰）。一年多以后，奥布又下令再建造3艘大型巡洋舰、2艘中型巡洋舰和6艘小型巡洋舰。对于奥布的海军建设，历史学家西奥多·罗普在其《法国海军政策》一书中这样评论道："他奠定了一支现代巡洋舰舰队的基础，也奠定了一支摧毁贸易的海军的基础。他为伦敦鸣响了警钟。"④

此外，奥布还下令进行大量的海上试验和测试，以验证和改进鱼雷艇的适航性，调整和改进相关的战术和技术问题。他还组织了大规模的海军演习，以演练鱼雷艇对战列舰的作战能力。例如，在1886年夏天，他派遣鱼雷艇舰队去攻击地中海舰队的战列舰。在计划1887年夏季的海军演习时，他决定：鱼雷艇应该追踪并攻击穿越地中海前往布雷斯特的战列舰。⑤

在海军的部署方面，奥布将法国舰队集中在土伦，将鱼雷艇和海岸防御

---

① 在19世纪后期，英俄之间的矛盾和危机主要源于两国在中近东地区和远东地区的利益冲突。（王绳祖：《国际关系史》（第三卷），北京：世界知识出版社，1996年，第15—49、68—71、129—148、221—226、230—235页。）英法之间的矛盾和危机则主要源于在以下地区的利益冲突：北非、西非、东非、东南亚和拉丁美洲等。（王绳祖：《国际关系史》（第三卷），第90—105、113—116、124—128、195—198、250—255页。）此外，在这一时期，英德在南非、东非、近东和西亚等地区也有着较为激烈的冲突和争夺。（王绳祖：《国际关系史》（第三卷），第106—112、120—124、163—173页。）

② 在19世纪80—90年代，英法、英俄之间出现紧张局势或战争危机的时刻主要有：1885年英俄平狄危机、1887年英法关于埃及撤军问题的矛盾、1893年英法尼日尔危机、1893—1895年英法对暹罗的争夺、1895—1897年英俄亚美尼亚危机、1898年英法法绍达危机等。（王绳祖：《国际关系史》（第三卷），第23—35、143—145、121—122、115—116、195—198、149—159、124—128页。）

③ Lawrence Sondhaus, *Navies of Europe, 1815-2002*, Pearson Education Limited, 2002, p. 85.

④ Theodore Ropp, *The Development of a Modern Navy：French Naval Policy, 1871-1904*, p. 172.

⑤ Arne Roksund, *The Jeune École：The Strategy of the Weak*, pp. xii, 63.

近代英国海上贸易保护政策的演变（17世纪中叶至20世纪初）

舰集中在瑟堡①，并将新建的鱼雷巡洋舰派到布雷斯特。② 对于其战略意图，英国历史学家罗杰·帕金森分析道："法国海军的重新部署，清楚地表明了发动贸易攻击战的意图。这样一个战略的目标指向只可能是英国。"③

之后直至19世纪末，除1889—1895年这几年外，④ 以贸易攻击战为重心的青年学派海军战略基本都是法国海军的主导性战略。

在这一时期，俄国对英国海上贸易的攻击意图也愈加明显。在1881年，俄国政府批准了一项海军建造方案，其中包括25艘各种类型的巡洋舰和鱼雷艇。⑤ 时任英国海军部欧洲情报专员的刘易斯·博蒙特上将判断道："这些军舰明显是要被用来攻击海上贸易商船的。"1885年3月，英国海军部对外情报委员会提交的一份报告也提出：在未来的英俄战争中，俄国海军将会攻击英国海上贸易的迹象非常明显，俄国现在正试图将其符合要求的商船改装成适合进行贸易攻击的巡洋舰，并试图从英国和其他国家那里购买符合改装要求的快速蒸汽船。通过这些措施，"自1878年以来到现在，俄国海军中巡洋舰的数量已经增加了大约29艘"。⑥

综上所述，在这一时期，在国际紧张局势日趋加重、战争危机频发的形势下，英国的两个主要敌人法国和俄国都有明显的对英国发动贸易攻击战的意图。⑦ 正如1887年英国海军情报处（Naval Intelligence Department，NID）的报告所称："现在，法国和俄国政府正强烈提倡将攻击我们的海上贸易作为在战争中对付我们的最好方法。"⑧ 因此，海上贸易的保护问题自然也就成为英国迫切需要解决的重点战略问题之一。

---

① 瑟堡（Cherbourg），法国西北部重要军港和商港，临拉芒什海峡（英吉利海峡）。
② Theodore Ropp, *The Development of a Modern Navy: French Naval Policy, 1871-1904*, p. 171.
③ Roger Parkinson, *The Late Victorian Navy*, p. 103.
④ 1889年1月，法国重新确立了以战列舰为中心的海军战略，并开始实施大规模的战列舰建造方案。但是，1895年爱德华·洛克鲁瓦成为法国海军部长，青年学派海军战略再度成为法国海军的主导性战略。（Lawrence Sondhaus, *Naval Warfare, 1815-1914*, London, New York: Routledge, 2001, pp. 156, 166.）
⑤ Donald W. Mitchell, *A History of Russian and Soviet Sea Power*, p. 192.
⑥ Roger Parkinson, *The Late Victorian Navy*, pp. 50, 86.
⑦ 在这一时期，虽然法俄都有明显的攻击英国海上贸易的意图，但是，相比较而言，英国更为关注如何应对法国的威胁。这一是因为俄国的地理位置较远，二是因为俄国拥有较少数量的巡洋舰和加煤站。（Arthur J. Marder, *The Anatomy of British Sea Power*, p. 88.）
⑧ Roger Parkinson, *The Late Victorian Navy*, p. 105.

二、19世纪后期英国海权思想的发展

19世纪后期英国海权思想的发展,对该世纪80年代英国海军封锁攻击政策的形成产生了深远的影响。

由于英国特殊的地理位置,海权思想在英国源远流长。早在16世纪,著名思想家弗朗西斯·培根和沃尔特·罗利等人就曾提出过掌握制海权的重要性。培根称:"支配海洋的人享有巨大的自由,他对战争可任意做或多或少的选择。"① 罗利则认为:"只要握有制海权,英国将永远不会被征服。"② 在19世纪后期,英国的海权思想得到了进一步的发展,出现了以科洛姆兄弟等人为代表的一批海权思想家。在这样一个充满变革的时期,约翰·科洛姆提出:"除非英国海军已经惨败,并丧失了对本土海域的控制,否则英国不可能面临大规模入侵的危险。"③ 其兄长菲利普·科洛姆的思想与他一致,并且提出:英国海军的任务就是要把敌人封锁在其军港内并保护英国的商业和海上交通。"根据审慎的历史研究,假使握有海军优势,则无海岸设防的必要,反之,若丧失海军优势,则一切要塞都不能抵抗敌方的攻击。所以,海军战争的唯一目的就是争取制海权,一旦制海权已经获得,则其他一切目的自可得来全不费功夫。"④

王本涛的《简析约翰·科洛姆的帝国防御思想》一文在介绍约翰·科洛姆的帝国防御思想时,也对其与保护海上贸易相关的思想做了概括介绍。文章指出,19世纪中期以前,"帝国防御"这个概念很少被使用,而国家防御和殖民地防御两个概念被频繁使用。两者的内涵不同,前者一般指保护英国本土,后者则被认为保护某些殖民地和附属国。而科洛姆认为殖民地防御和国家防御实质上是一个问题,不应该分开,并强调英国的防御范围应该包括英伦诸岛、所有的自治领和殖民地以及海洋贸易和贸易交通线。

科洛姆认为,保护海上交通线是英帝国防御的核心。英帝国的殖民地遍

---

① 钮先钟:《西方战略思想史》,桂林:广西师范大学出版社,2003年,第376页。
② Philip Howard Colomb, *Naval Warfare*, Annapolis, MD: Naval Institute Pr., 1990, pp. 22-23.
③ 钮先钟:《西方战略思想史》,第376页。
④ Philip Howard Colomb, *Essays on Naval Defence*, London: W. H. Allen & Co. Ltd., 1896, p. 190.

布全球，忙闲不等、纵横交错的海上交通线将英国本土与其殖民地连接起来。"英国最大的现实是，英帝国的内部交通线就是海上交通线，是连接世界的干道。"英国的贸易安全和殖民地防御都依靠海上交通线，所以海上交通线是帝国的命脉，帝国防御的核心是保护海上交通线的安全和畅通。从军事防御的角度看，交通支配战争，因为无论是燃料、军备、食品还是兵力投送，都高度依赖交通线。"补给自由和退却畅通乃是保证陆军或舰队安全的两个基本条件。"英国本土是英帝国的大本营，战争中必须保证通往大本营的通道不被切断，这依靠皇家海军的制海权。否则，英国的军队要么被"关在外面"，要么被"锁在里面"，致使在战争中无能为力。从经济贸易的角度分析，没有畅通的交通线，英帝国就会陷入瘫痪，要么投降，要么被困死。确保交通线的畅通和安全，关键是控制海洋通道上具有战略意义的基地和据点。"首先夺取或者最后不得不放弃的都是关键据点"，比如地中海通道上的直布罗陀、马耳他、苏伊士运河、亚丁等；绕过南非的交通线上的据点有塞拉利昂、阿森松岛、圣赫勒拿、毛里求斯等。1873年，科洛姆特别提到两个地方：苏伊士运河和斐济。他建议军事占领苏伊士运河，并认为斐济位于从巴拿马到悉尼的直线上，对于英国的贸易和防御战略非常重要。①

海权思想的发展，对这一时期英国海上贸易保护政策的调整和海军封锁攻击政策的形成产生了重要影响。

第二节 对外情报委员会提出海军封锁攻击政策的前提

针对卡那封委员会提出的对海上贸易保护问题进行调研的需要，1882年英国海军部设立对外情报委员会（Foreign Intelligence Committee，FIC），对米尔恩"巡航航路"的想法、护航政策和库珀·基"依靠中立国商船"的想法做出分析和研判，并最终提出了海军封锁攻击政策。

---

① 王本涛：《简析约翰·科洛姆的帝国防御思想》，第129页。

第三章 19世纪80—90年代海军封锁攻击政策的形成和落实

一、对外情报委员会的建立

在19世纪70年代末面对卡那封委员会的问询时,英国海军部暴露出在政策调整上的滞后性和对一个专职海军参谋部门的需要。在1882年对外情报委员会建立之前,对于海军相关政策和战略战术的制定,海军部中并没有一个专职的参谋部门去负责,此类事务几乎完全依靠第一海军大臣。随着蒸汽时代的到来、技术的快速发展和新型军舰的不断出现,此时的海上战争与风帆时代的海上战争相比已经有了很大的不同,海军的战略战术也变得更加复杂,建立一个专职负责战略战术制定的海军参谋机构已很有必要。历史学家布赖恩·兰夫特在《技术变化和英国海军政策》一书中对此曾这样评论道:"现在,英国海上贸易所面临的危险已被清楚地认识到,但是,海军部明显还没有制定出解决这一问题的方法……对战略的思考和制定是一个费力的工作,现在,海军部没有任何海军参谋机构负责这项工作。"①

此外,对外情报委员会的建立,还出于改善英国海军情报工作的需要。在这个机构建立之前,从19世纪60年代开始,海军部任命海军情报专员负责海军情报的收集工作并形成报告。这些专员人数不多,以巴黎为主要的活动基地,在身份上隶属于英国在各国的大使馆,因此,其报告一般经由外交部转交给海军部。② 在19世纪70年代末的近东危机中,海军部的这一情报体系暴露出严重的不足。例如,对于俄国舰队造访美国的行动,海军部是从报纸上才获知这一消息的。再如,对于俄国派遣波罗的海舰队前往好望角意图攻击英国贸易商船的行动,英国甚至到危机结束后才得知,因此其颇感后怕。③

近东危机结束后,第一海军大臣库珀·基的私人秘书曾询问海军情报专员们应该如何改进情报工作,专员们建议:应该在海军部内设立一个小型的

---

① Bryan Ranft, *Technical Change and British Naval Policy, 1860-1939*, p. 4.

② Matthew Allen, "The Foreign Intelligence Committee and the Origins of the Naval Intelligence Department of the Admiralty," *The Mariner's Mirror* 81/1 (Feb 1995), pp. 65-66. 转引自 Roger Parkinson, *The Late Victorian Navy*, p. 49。

③ Roger Parkinson, *The Late Victorian Navy*, pp. 18, 20.

专职情报部门，并由他们中的一位负责管理。这个提议被海军部委员会以缺乏经费的理由拒绝。其实真正的原因是库珀·基担心，在海军部内设立一个独立的情报部门将会在某些方面威胁到他自身的地位和权力，因此这个问题暂被搁置。

但是，海军部内外要求建立这样一个部门的呼声并未停止。

1881年，英国著名海军历史学家约翰·科洛姆发表了一篇题为《海军情报和战争中的贸易保护》的文章。在文章中，他对他所理解的"海军情报"的概念做了解释，"概括来说，这（指海军情报）是关于敌人和贸易保护的消息"，"包括水文地理学、气象学、外国的海军政策和军事部署、海军建造等情况"，他还强调，"这具有至高无上的重要性"。[1]

1882年3月，卡那封委员会向海军部递交了一份报告，其中提出了一些需要海军部立即处理的紧急问题，其中之一就是建立一个专职的海军情报部门。[2]

1882年12月，对外情报委员会成立，第一任负责人是威廉·亨利·霍尔（William Henry Hall，1842-1895）。[3] 霍尔是一位谨慎稳健的领导人，其子雷金纳德·霍尔（William Reginald Hall，1870-1943）将军是一战期间英国海军情报工作的负责人。在威廉·亨利·霍尔的苦心经营下，对外情报委员会的影响力逐步增强，并在80年代英国海军政策的调整中发挥了关键的作用。

对外情报委员会的建立在很大程度上还应该归功于海军部秘书乔治·特赖恩上校，他在任职期间一直积极致力于海军部行政管理机构的改革和完善。上文曾提到，第一海军大臣库珀·基拒绝建立专职海军情报机构的一个重要原因就是担心这一机构将会削弱他的权力，特赖恩设法使他相信这种情况不会发生，并最终争取到了库珀·基的支持。

对外情报委员会是英国第一个专职海军情报机构，它在一定程度上发挥了一个海军参谋机构的作用。从此，在海军部，第一次有一部分专业人员从其他事务中解脱出来，将精力放在收集海军情报并以此为基础形成更为合理

---

[1] Philip Colomb, *Essays on Naval Defence*, p. 82.
[2] Donald Mackenzie Schurman, *Imperial Defence, 1868-1887*, p. 107.
[3] Eric J. Grove, *The Royal Navy since 1815*, p. 69.

第三章 19世纪80—90年代海军封锁攻击政策的形成和落实

的战略战术上。

鉴于卡那封委员会就海上贸易保护问题进行调研时海军部在政策构想上所表现出的贫乏和尴尬，对外情报委员会组建后，霍尔便对这一问题给予了积极关注。

二、对外情报委员会对亚历山大·米尔恩"巡航航路"想法的分析和反对

经过调查，结合卡那封委员会的报告，霍尔对米尔恩"巡航航路"想法的可行性进行了分析并提出了反对意见。

第一，从可用的海军力量上讲，针对米尔恩提出的"在航路沿途设立一定数量的海军基地"，以及卡那封委员会报告中提出的"增设加煤站并派遣海军进行防御"等观点，霍尔认为：如果这样做，所需的军舰数量将远远超过英国海军所能够承担的极限。在呈递给第一海军大臣的报告中他分析道："英国的贸易航路总计有9万多英里长，若要派遣军舰驻守其沿途所有的基地和加煤站，英国当前的海军力量是绝对不够的，未来英国海军的建设也不可能达到那种程度……总之，执行这个海上贸易保护政策所需要的军舰数量比英国现在所拥有的、以前任何时候曾经拥有的和以后将可能拥有的军舰数量都要多很多。"①

第二，对于米尔恩提出的"巡洋舰应对各海军基地之间的贸易航路维持定期巡逻""敌方舰队最有可能对商船发动攻击的地方将是航运较为集中的狭窄海域"等观点，霍尔也提出了异议。霍尔在报告中指出：海上的"航路"并不像陆地道路那样是宽窄的实体存在，它实际是一片辽阔的海洋，所以，出于种种主观或客观因素，商船航行时将很有可能偏离受到军舰巡航保护的"航路"。霍尔还提出：米尔恩想当然地认为敌人很可能会在狭窄水域发动攻击，他这样其实是在"假设敌人将在你最希望对付他们的地方发动攻击"。而实际情况可能会恰恰相反：如果敌人获知了英国的战略安排，敌人"明智的海军将领"经过慎重考虑后将可能会在宽阔海域发动攻击，因为他知道，在

---

① Roger Parkinson, *The Late Victorian Navy*, p. 83.

那里他将不可能遭遇到英国的军舰。而且,即使英国军舰真的出现,在宽阔海域他成功逃脱的可能性也更大。①

第三,霍尔在报告中还提出:米尔恩"巡航航路"的想法具有明显的被动防御性,这种"守势"思想很可能会使英国在战争中陷入被动,因为"它使得敌人能够有充分的自由去按照他们认为对自己最有利的方式去部署舰队"。最后,霍尔总结道:"这个防御性的政策是不应该被执行的。"②

三、对外情报委员会对护航的分析和反对

之前曾提到,卡那封委员会曾就护航的有效性征询过船东和海军部高级官员们的意见,他们普遍认为现在护航已不再适用。但是,作为英国传统的海上贸易保护政策,护航仍有不少支持者。因此,霍尔提出:"护航政策仍然有它的鼓吹者……需要进一步探讨这一问题以显示执行护航政策所包含的巨大困难。"③

1885年5月,对外情报委员会向第一海军大臣库珀·基递交了一份题为《战时英国海上贸易保护与护航》的报告,对护航政策做了进一步的分析和否定。其内容要点如下。

第一,对于快速蒸汽船,由于速度的缘故,护航是不可能的。霍尔在报告中这样写道,"对于那些快速蒸汽船,护航毫无疑问是不可行的……原因很简单,因为我们海军军舰的速度跟不上它们","辅助巡洋舰④的速度或许可以,但是它们的战斗力薄弱,不足以对付实施攻击行动的敌方军舰"。⑤

第二,对于慢速蒸汽船,从速度方面考虑,实施护航是可行的,但最大的困难在于加煤。霍尔在其报告中指出:现在,绝大多数英国巡洋舰仍然是重装备军舰,它们煤仓的储存量不足以支撑长距离的护航任务。而且,《巴黎和约》曾规定,战时交战国军舰在同一个中立国港口每三个月只能加煤一次,

---

① Ryan Ranft, *Technical Change and British Naval Policy*, pp. 6-8.
② Roger Parkinson, *The Late Victorian Navy*, p. 84.
③ Ryan Ranft, *Technical Change and British Naval Policy*, p. 6.
④ 辅助巡洋舰是指由于战争的需要,由符合条件的快速蒸汽船改装而成的巡洋舰。
⑤ John Winton, *Convoy: The Defence of Sea Trade, 1890-1990*, p. 19.

这就存在着一些潜在的麻烦。霍尔以北大西洋航路为例,提出:如果对沿北大西洋航路航行的商船进行护航,执行护航任务的军舰将需要在美国港口加煤,一旦美国卷入战争,英国军舰将难以得到充足的煤。①

第三,对于在一些航路上仍在使用的帆船,霍尔指出:面对蒸汽军舰的攻击,这些帆船很容易受到严重的损害,而且,"在任何类型的海洋战争中,任何数量的军舰对它们的保护都不能使它们在海上安全地航行"。②此外,商船船东们也已向委员会保证:战争爆发后,他们将立刻停止使用帆船,而以蒸汽船来代替。③

第四,从当前英国的海军实力考虑,护航也是不可行的。在报告中霍尔指出:"现在,有效的运转护航体系毫无疑问将需要数量庞大的军舰,特别是需要为这个任务专门设计的军舰……当前英国的海军力量是绝对不够的。而且,很难想象……议会将会愿意为此拨出巨额资金。"④

第五,护航不仅是不可行的,还可能对英国的海上贸易产生不利影响,甚至带来危险。霍尔在报告中这样写道:"这方面(指护航)的任何努力都将影响到国家的贸易……这将使我们所有的贸易很快衰落。"这是因为:一则组织护航将会耽搁商船的航程,而从船东对护航的普遍态度来看,他们将不会愿意接受由于护航而造成的耽搁。再则由于通信技术的发展,封锁商船集结和航程的相关信息将是困难的,这些信息一旦被敌人获取,将会给护航编队带来毁灭性的灾难。⑤

报告最后得出结论:实施护航是困难且危险的。

四、对外情报委员会对库珀·基"依靠中立国商船"想法的分析和反对

在面对卡那封委员会问询时,第一海军大臣库珀·基曾提出在战时可依

---

① Roger Parkinson, *The Late Victorian Navy*, p. 88.
② Ibid., p. 88.
③ John Winton, *Convoy: The Defence of Sea Trade, 1890-1990*, p. 19.
④ Ryan Ranft, *Technical Change and British Naval Policy*, p. 6.
⑤ John Winton, *Convoy: The Defence of Sea Trade, 1890-1990*, p. 19.

靠中立国商船的运输来保障英国的需求,霍尔也对这一想法进行了批驳。在报告中他这样写道:"考虑到 1856 年签署的《巴黎海战宣言》的第二项条款,① 为了保证战时我们的货物不被攻击和抢掠,一些人曾提出:可以将我们大批的海上贸易转给中立国的船只",但是应该考虑到,敌国可能不再认同"自由的船只,自由的货物"这一 18 世纪的普遍观念,并拒绝履行《巴黎海战宣言》的规定,他们很可能转而信奉"敌人的海上商品,是合法的奖赏"这项更加古老的信条。这就意味着,战争发生后,对敌国来说,只要货物归英国臣民所有,无论运载货物的船只是否为英国籍,这些货物都将是"合法的奖赏"。所以,报告强调:现在英国需要考虑的情形是,"如果敌人决定违反《巴黎海战宣言》的第二条和第三条规定,恢复对海上贸易的任意攻击,将会出现什么样的情况"。②

在对米尔恩"巡航航路"的想法、护航政策、库珀·基"依靠中立国商船"的想法进行了分析和反对的基础上,霍尔提出了海军封锁攻击政策。

第三节 对外情报委员会与海军封锁攻击政策的形成

1884 年,在威廉·亨利·霍尔的领导下,对外情报委员会通过调查提出了旨在保护英国海上贸易的海军封锁攻击政策。随着 1885 年英俄冲突的爆发,霍尔又针对在可能发生的英俄战争中执行和落实海军封锁攻击政策做出分析,并提出了相关建议。

一、海军封锁攻击政策的提出及其主要内容

1883 年以后,由于在埃及的利益争夺,英法关系趋于紧张。在这个背景

---

① 《巴黎海战宣言》,又称《巴黎会议关于海上若干原则的宣言》,1856 年 4 月 16 日由英国、奥地利、法国、普鲁士、俄国、撒丁王国、土耳其签订。其第二条规定:"中立国旗帜掩护敌方货物,战时违禁品除外",第三条规定:"在敌国旗帜下的中立国货物不受拿捕,战时违禁品除外"。(王铁崖、朱荔荪、田如萱等:《战争法文献集》,第 1—2 页。)

② Roger Parkinson, *The Late Victorian Navy*, p. 103.

第三章 19世纪80—90年代海军封锁攻击政策的形成和落实

下,1884年9月,对外情报委员会负责人霍尔向第一海军大臣库珀·基递交了一份报告,探讨在可能发生的英法战争中英国应采取怎样的海军战略。在报告中,霍尔较为系统地提出了海军封锁攻击政策。

这一政策的核心思想是:在战争开始之时,通过对敌方海军军港的及时封锁和对敌方据点、海上贸易等的主动攻击,来控制和吸引敌方海军力量。这样,一方面能将敌方大批军舰困在军港内,减少英国商船在海上面临的危险,另一方面也能将敌方海上军舰的注意力从攻击英国的海上贸易转到自身的防御上,以此来达到保护英国海上贸易的效果。

该政策的具体内容可以归纳为以下几点:第一,战争爆发后,在最短的时间内搜寻出敌方军舰所在地,然后派遣海军将驻扎在军港内的敌方军舰紧密地封锁在其中;第二,如果敌方军舰突破封锁,则要立即追击,将其击沉或俘获;第三,对于原来在海上的敌方军舰或者突破封锁成功逃到海上的敌方军舰,可以通过以下做法吸引并击沉或俘获它们:攻击敌方据点、破坏己方军舰所能够到达的敌国军械库、破坏或占领敌国的海外加煤站和补给站、攻击并俘获敌国商船等。①

在报告中,霍尔从以下几个方面分析了这一政策的可行性。

第一,从该政策对保护海上贸易可能达到的效果上看,霍尔认为:在战争爆发后,立即将敌方军舰紧密地封锁在军港内,将能够大大减少英国海上贸易受到攻击的危险。此外,"如果在战争爆发后,(帝国海军)立即对法国本土海岸和海外殖民地的几个防守薄弱点同时发动攻击,将能把敌人的注意力从攻击我们转到防御自身上"。②"对于我们的对手,我们通过封锁其港口和在海上追捕其商船将能够给予其更持续和永久的伤害。"③

第二,从执行这一政策所需的海军力量方面来讲,霍尔认为,和执行米尔恩"巡航航路"想法所需的遥不可及的军舰数量相比,执行封锁攻击政策所需的军舰数量是可以达到的。霍尔在报告中这样说道:"在战争开始之时立即对敌方海军采取迅捷有力的行动,将能使大部分原需用于海上贸易保护的

---

① Arthur J. Marder, *The Anatomy of British Sea Power*, p.110; Roger Parkinson, *The Late Victorian Navy*, p.84; John Winton, *Convoy: The Defence of Sea Trade, 1890-1990*, p.18.
② Roger Parkinson, *The Late Victorian Navy*, p.85.
③ May Sinclair Edward, *Principles and Problems of Imperial Defence*, p.218.

巡洋舰从这个任务中摆脱出来。"① 当然，霍尔也提出，英国当前的海军实力还是不足的。在报告中，霍尔评估了当前法国的海军力量，尤其是法国可用的巡洋舰力量，并初步估算了法国每个军港内的海军力量和封锁这些军港所需的海军力量，而后与当前英国实际可用的海军力量进行比较，最后得出如下结论："至少在地中海和中国海域，英国的海军力量还有相当程度的不足。"因此，霍尔提出，英国下一步需要加强海军建设。②

第三，从英国海军的历史经验上来讲，霍尔提出："防御性的政策完全与英国海军的历史经验不符，英国海军胜利的法宝一直是攻击而不是防御。"在报告中，霍尔引用了当时英国著名海军历史学家约翰·诺克斯·劳顿③的观点作为自己这一说法的佐证。1874 年，劳顿在英国皇家国防安全问题研究所做了一篇题为《海军历史的科学研究》的演讲，他提出："在以前，面对训练有素的敌国军队，英国海军的胜利总是通过使用优势实力的军舰对敌军进行果断的攻击而获得。这个优势指的不是英国海军总数上的优势，而是指在某次攻击时相对于敌军当时力量的优势。"据此，霍尔提出："(帝国海军的战略角色) 不应该是驻守在港口、加煤站等地以向它们提供直接的保护，而应该是去主动封锁敌人的港口、破坏其贸易、攻击其领地、在海上对付其船只……（这样做）我们将能够阻止敌人对我方发动大规模的进攻。"④

在这份报告中，霍尔还较为客观地分析了在战时执行这一政策将可能面临的风险和困难。

第一，霍尔指出，与 18 世纪末至 19 世纪初英国曾采取过的海军封锁行

---

① Bryan Ranft, *Technical Change and British Naval Policy*, 1860-1939, p. 6.

② Roger Parkinson, *The Late Victorian Navy*, p. 85.

③ 约翰·诺克斯·劳顿 (John Knox Laughton, 1830-1915), 英国著名海军历史学家, 英国海军历史研究的开拓者之一。劳顿是英国剑桥大学的高材生, 长期在海军部任职。1866 年, 他成为朴次茅斯帝国海军学院的教授, 1873 年调至格林尼治帝国海军学院。劳顿是最早认识到研究海军历史重要性的学者之一, 他认为："对海军历史的科学研究是重要的事情, 是探讨过去并明了未来的课程, 有很大的实用价值。"他还提出, 科学研究海军历史的基本要求是"获取最原始的资料", 海军历史这门课程研究和教授的重点应该是 "在以往的海军战争中, 导致战斗成功或失败的英国海军的基本战术原则, 这些原则现在已被丢失或尚存"。(D. M. Schurman, *The Education of a Navy*: *The Development of British Naval Strategic Thought*, 1867-1914, London: Cassell, 1965, pp. 83-84; Andrew Lambert, *The Foundations of Naval History*: *John Knox Laughton, the Royal Navy and the Historical Profession*, London: Chatham Pub., 1998, pp. 21, 74.)

④ Roger Parkinson, *The Late Victorian Navy*, pp. 84, 101.

第三章 19世纪80—90年代海军封锁攻击政策的形成和落实

动相比,现在英国执行封锁任务的舰队将必须与敌军的鱼雷艇对抗,这也是执行封锁任务的英国舰队所面临的主要危险。霍尔称:鱼雷快艇的诞生,将可能使封锁任务成为"一个难以完成的行动,无论如何也是一个最危险的行动"。这是因为,"为了阻止被封锁的法国军舰逃出,执行封锁任务的舰队必须要在夜间能见度极差的广阔海面上进行巡查,这将很容易受到敌方鱼雷的攻击"。但是,霍尔又提出:只要英国执行封锁任务的军舰力量相比较被封锁的敌军达到一定程度的优势,紧密封锁敌方军港是能够做到的。而且,为了更有效地对付鱼雷快艇,英国下一步需要建设"更大型和性能更好的军舰,包括专门对付鱼雷快艇的驱逐舰"。[1]

第二,霍尔提出,对于这一政策的执行来讲,英国海军能否在战争发生后快速及时地完成备战、掌握先机是一个非常关键的问题,"必须在一场海军战争开始的时候迅速执行,才能够起到近乎决定意义的影响"。但是,报告称:据以往的经验来看,英国海军的备战效率是相当低下的,所以,下一步需要加强和改善英国海军的备战效率。[2] 霍尔对当时英国海军备战效率低下的判断是比较客观的,例如,在19世纪70年代末的近东危机中,英国曾打算派遣一支特别舰队开赴波罗的海执行任务,舰队的备战工作就呈现出相当程度的混乱和拖沓。

经过一番分析,最后,霍尔得出以下结论:这(指海军的封锁攻击政策)是唯一有效的解决方案,是面对困难的最好方法。[3]

二、海军封锁攻击政策的执行分析

——1885年对外情报委员会关于英俄战争中英国海军作战方案的分析报告

1885年,英俄关系又一次恶化,公众对英俄发生战争危险的担忧加剧。在这个背景下,1885年3月4日,霍尔将一份报告递交给第一海军大臣库

---

[1] Roger Parkinson, *The Late Victorian Navy*, p. 85.
[2] Ibid.
[3] May Sinclair Edward, *Principles and Problems of Imperial Defence*, p. 221.

珀·基，该报告主要探讨了在可能发生的英俄战争中英国海军的作战方案，其实也是对霍尔之前提出的海军封锁攻击政策所做的一次执行分析。

报告首先分析了俄国在19世纪70年代末近东危机中的行动，并以此为基础推测俄国将在可能发生的战争中采取怎样的行动。它得出的结论是：战时俄国的主要意图将是摧毁英国的海上贸易。霍尔认为，俄国将在战时攻击英国贸易商船的意图是很明显的，俄国正在将一些符合要求的蒸汽商船改装成能用于攻击贸易的巡洋舰，并试图从英国和其他国家那里购买适合改装成巡洋舰的快速蒸汽船。通过这些措施，"自1878年以来到现在，俄国舰队的巡洋舰数量已经增加了大约29艘"。此外，霍尔还提出，除了攻击英国的海上贸易外，俄国还"可能在帝国所属港口的入口处铺设水雷，虽然这只是辅助性的行动，但仍需予以重视"。[①]

之后，报告开始探讨这场战争中英国海军的作战方案，或者说，在这场战争中，英国海军应该怎样执行封锁攻击政策。报告指出，在战争开始之时，英国舰队应立即搜寻出敌方舰队的所在地，并尽力将其紧密地封锁在军港内。对于当时正在海上执行任务的俄国军舰，则要通过英国驻海外各地的外交人员和情报人员密切关注其动向。

报告认为，在未来的英俄战争中，两国海军之间的对抗将会主要发生在波罗的海、黑海和远东海域。

在报告中，霍尔对于英国海军在波罗的海的行动方案做了尤为详细的探讨。

第一，关于英国海军在这一海域的封锁行动。霍尔首先强调：英国海军将对俄国海军实施的是一次单纯的军事封锁，并说明了原因：之前在克里米亚战争中，英法曾对波罗的海的整个俄国海岸实施了贸易封锁，但实际的结果是，那次封锁对英国贸易比对俄国贸易造成了更大的破坏。

在克里米亚战争期间，英国的确曾对俄国进行过经济封锁，希望以此令俄国的资源，尤其是战争资源日渐枯竭。但是，英国的经济封锁并未达到预期目标，这是因为：第一，出于利益考虑，中立国往往会反对禁运或者是阳奉阴违，即使是作为英国盟国的法国，也不曾认真地执行对俄国的海上禁运。

---

① Roger Parkinson, *The Late Victorian Navy*, p. 86.

第三章 19世纪80—90年代海军封锁攻击政策的形成和落实

例如，俄国就曾通过中立国普鲁士间接进口了多种战争必需物资。第二，经济封锁执行起来也是相当的困难。由于大型军舰无法到达浅水海域，所以需要很多小型军舰拦截沿海岸航行的走私船只，但这种军舰却是英国海军所缺乏的，而且英国海军也严重缺乏熟练的船员、详尽的波罗的海航海图和导航员等。第三，在当时俄国的经济中，对外贸易所占的份额较小，所以经济封锁对俄国经济的总体影响也是比较有限的。但是，对俄国的经济封锁反过来却给英国经济造成了很大的破坏，因为英国一直以来都从俄国进口大量的工业原料，例如造船用的原料和粮食等。虽然英国曾积极寻找可替代的进口国，但最终还是间接从俄国进口了部分物资，所以霍尔才会有此一说。

随后，霍尔在报告中明确提出，英国海军的这次封锁将是单纯的针对俄国的军事力量。霍尔起初打算在波罗的海的入口处部署一支封锁舰队，以将俄国海军封锁在波罗的海中，但是考虑到"这样做实际上将使俄国势力在波罗的海海域占据优势地位，而这将严重威胁到在波罗的海航行的英国商船的安全"，霍尔最终决定：封锁俄国的主要海军基地芬兰湾①可能是最好的选择。②

第二，关于英国海军在这一海域的攻击行动。在报告中，霍尔对几个可供选择的攻击目标如喀琅施塔得③、芬兰堡④、赫尔辛福⑤、列维尔⑥、奥

---

① 芬兰湾（Gulf of Finland），波罗的海东部海湾，北临芬兰，东、南界俄罗斯和爱沙尼亚。
② Roger Parkinson, *The Late Victorian Navy*, p. 87.
③ 喀琅施塔得（Kronstadt），港市名，位于芬兰湾东端科特林岛。公元1703年，俄皇彼得一世将其辟为军事要塞，用德语命名为喀琅施洛特（Kronschlot），意为皇冠之城。1721年改名为喀琅施塔得，后成为帝俄波罗的海舰队的重要基地。（孙文范：《世界历史地名辞典》，长春：吉林文史出版社，1990年，第461页。）
④ 芬兰堡（Sveaborg）是建在六座小岛上的防御工事，位于芬兰首都赫尔辛基。瑞典人于1748年开始建造这座防御工事，用于防御俄国人的扩张。1808年5月3日，这座防御工事被俄军占领。在克里米亚战争之后，俄国对芬兰堡展开了大规模的修复工作，在岛屿的西边和南边新建了炮台。
⑤ 赫尔辛福（Helsingfor），今芬兰首都赫尔辛基的别称，在今芬兰南部，濒临芬兰湾。公元1550年，瑞典国王古斯塔夫·瓦萨在今址以北建城，1640年迁至今址。1809年并入俄国，1917年芬兰独立后成为首都。（孙文范：《世界历史地名辞典》，第500页。）
⑥ 列维尔（Revel），故址即今爱沙尼亚首都塔林，濒临芬兰湾西南海岸，为战略要地。中世纪以来，常为丹、德、瑞、俄争夺的目标。公元1219年，丹麦在此建立据点。1466年，被条顿骑士团占领。1504年，被瑞典辟为基地。1721年俄瑞北方战争后，被俄国吞并。（孙文范：《世界历史地名辞典》，第166页。）

博①、里加②等地的情况做了评估,进而提出:不能攻击喀琅施塔得和芬兰堡,因为它们的防御非常牢固,其他几个地方的防御较之19世纪70年代末也有相当程度的增强。霍尔还提出:就当前英国各艘军舰的性能而言,只有四艘军舰即"坚定"号、"无畏"号、"艾杰克斯"号和"阿伽门农"号能够执行对俄国据点的各种攻击行动,英国的海军建设必须要予以重视。③

第三,霍尔还提出,要在波罗的海铺设电报电缆。在报告中,霍尔指出:对战时在波罗的海执行任务的英国舰队来说,维持与伦敦的电报通信是最基本的需要,但是,"穿越波罗的海连接挪威、丹麦等地与伦敦的所有四条电报电缆均归北方电报公司所有,这个公司的管理权实际上掌握在俄国人手中"。而且,在战时,让一个坚定的中立国(例如德国)作为电报电缆的转接点是不可能的,因为一个中立国将不会允许交战国出于战争目的在交战国舰队和中立国港口之间铺设电缆。因此,要想维持战时安全的电报通信,只能是考虑由英国自己铺设一条从伦敦通向波罗的海的电报电缆。如果不考虑大量电缆线的供给,铺设这样一条电缆将至少需要两个月的时间,这也是英国需要在战前做的工作。④

在报告中,霍尔对于英国海军在黑海的行动方案做了如下探讨。

第一,霍尔认为,与土耳其的合作关系,是英国在黑海海域采取任何海军行动的基本前提。这是因为:如果没有土耳其的允许,英国执行封锁任务的舰队将被阻拦在达达尼尔海峡之外,就像在19世纪70年代末英俄战争危机时英国舰队只能驻扎在贝西卡海湾⑤或者特内多斯岛⑥一样。而且,即使英国海军能够强行通过达达尼尔海峡和博斯普鲁斯海峡,英国也需要土耳其准许英国的运煤船和供给船通过。此外,英国也需要土耳其保持海峡对友国舰队的开放和对敌国舰队的关闭。因此,报告强调:英国海军在黑海海域行动的基本前提就是与土耳其的合作。⑦

---

① 奥博(Abo),丹麦港市。
② 里加(Riga),今拉脱维亚首都,是波罗的海里加湾的海港。
③ Roger Parkinson, *The Late Victorian Navy*, p. 87.
④ Ibid.
⑤ 贝西卡海湾(Besika Bay),小亚细亚西北部海湾。
⑥ 特内多斯岛(Tenedos),爱琴海内岛屿。
⑦ Roger Parkinson, *The Late Victorian Navy*, p. 88.

第三章 19世纪80—90年代海军封锁攻击政策的形成和落实

第二，英国海军在黑海展开行动的首要目标应该是巴统①和塞瓦斯托波尔②，此外，还可以考虑敖德萨③、奥恰科夫④、新罗西斯克⑤、刻赤⑥和波季⑦等地。报告对这些地方的防御情况做了较为详细的评估，并对英国当前的海军实力表示出担忧。

关于英国海军在远东海域的行动方案，报告指出：英国海军的第一个攻击目标应该是符拉迪沃斯托克⑧，并建议，"为了配合攻击符拉迪沃斯托克的行动，需要先占领一个比香港更近便的港口，例如巨文岛⑨"。⑩

此外，为了预防俄国海军在英国港口入口处铺设水雷，霍尔在报告中还建议：应该给英国港口中的拖船等船只装备上枪支弹药，并将港口工人和商船水手中的志愿者们组织成一支港口防御队伍，由他们操纵武装好的船只对港口进行防御。

在报告中，霍尔最后总结道：对于在可能发生的英俄战争中执行海军封锁攻击政策而言，英国海军现在的力量是不够的。⑪

综上所述，通过霍尔对执行海军封锁攻击政策的诸多分析，可以看出，这一政策的执行和落实对英国下一步的工作提出了要求：一是要改善英国海军的备战效率，二是要加强英国海军的建设。

---

① 巴统（Batumi），格鲁吉亚西南部、黑海东岸港市。
② 塞瓦斯托波尔（Sevastopol），今乌克兰共和国直辖市，位于克里米亚半岛西南端和黑海的北岸，南出黑海海峡可通地中海，战略地位重要。
③ 敖德萨（Odessa），乌克兰南部、黑海北岸港市。
④ 奥恰科夫（Ochakov），乌克兰南部、黑海北岸港市。
⑤ 新罗西斯克（Novorossik），俄罗斯西南部、黑海东北岸港市。
⑥ 刻赤（Kerch），俄罗斯西部、克里米亚半岛东部港市。
⑦ 波季（Poti），格鲁吉亚西部、黑海东岸港市。
⑧ 符拉迪沃斯托克（Vladivostock），即海参崴，俄罗斯在太平洋沿岸最重要的港口城市。
⑨ 巨文岛，英语名称为汉密尔顿港（Port Hamilton），是朝鲜半岛南部沿岸济州海峡内的岛屿。
⑩ Roger Parkinson, *The Late Victorian Navy*, p. 88.
⑪ Ibid., p. 88.

第四节　海军封锁攻击政策的落实
——对海军备战工作的重视（暨海军情报处的建立）
和对海军建设的重视

在英国实施海军封锁攻击政策的过程中，1887 年海军情报处的成立、1888 年海军演习的举行、1889 年海军防御法案的出台以及英国海军部与私营公司的合作等加强了英国海军的建设。

一、对海军备战工作的重视和海军情报处的成立

如前所述，早在 19 世纪 70 年代末的近东危机中，英国海军备战工作的效率低下便已有表现。因此，1880 年，海军部高级官员埃文·麦格雷戈曾就此事建议海军部采取措施改善海军的备战工作，但并未引起重视。直到 80 年代中期，海军封锁攻击政策形成，由于落实该政策的需要和国际局势的日益紧张，这一问题才被予以重视。

1887 年 2 月，对外情报委员会扩建为海军情报处，时任第一海军大臣的阿瑟·胡德（Arthur William Acland Hood，1824-1901；1885 年 1 月至 1886 年 2 月、1886 年 8 月至 1889 年 10 月两次担任第一海军大臣）任命霍尔继续担任负责人。海军情报处下设两个部门，部门一负责原来对外情报委员会的所有工作，新成立的部门二则负责英国海军的战争筹备、后勤保障、制订作战计划等工作，并主要考虑以下 6 个问题的解决方案：1. 在战事需要时如何能使英国海军的预备舰队在最短的时间内做好战斗准备；2. 战事需要时如何能在最短的时间内补足海岸警备船队的人员空缺；3. 战事需要时如何获取适合改装成军舰的商用船，如何对其进行武器装备和人员配置，并迅速在本土或海外投入使用；4. 战时如何获取所需的煤、军火等军需供给，如何安排供给船运送；5. 在与任何可能的国家发生战争时，如何制订英国的海军行动方案；

第三章　19世纪80—90年代海军封锁攻击政策的形成和落实

6. 如何为海岸防御提供足够的小型军舰、人员和武器弹药。①

从海军情报处新增设部门的这些具体职责可以看出，对于改进英国海军的备战效率，当局已经予以相当的重视。

在海军情报处的建立过程中，海军部高级官员查尔斯·贝雷斯福德（Charles Beresford, 1846-1919）起到了非常关键的作用。贝雷斯福德出身于英国贵族阶层，曾在帝国海军中服役，因为在英国海军炮轰亚历山大港的行动中的出色指挥而得到朝野赞誉。他在英国的上层社会中有丰富的人脉关系，是威尔士王子的私人好友，在议会和新闻界也很有人缘，并颇得英国首相索尔兹伯里（Robert Gascoyne-Cecil, 3rd Marquess of Salisbury, 1830-1903）的器重。1886年8月，首相索尔兹伯里爵士任命贝雷斯福德担任海军次官（Junior Naval Lord）。贝雷斯福德到任后，向海军部委员会提交了一个备忘录，提议应立即建立一个能够发挥成熟的战争参谋机构作用的海军情报部门。②

在备忘录中，他这样说道：当1885年英俄战争危机出现之时，英国的人力资源远远不足，海军军备储存严重缺乏，医疗船严重匮乏，战时的后勤保障如煤、军备、弹药等的供给没有任何组织安排，这些都表现出英国对一个负责这些战备工作的部门的迫切需求。此外，他还提出，其他国家如法国、德国、俄国、奥地利、意大利等国的海军部门中都有一个常设的参谋机构，专职负责海军战争准备工作的组织和计划。（详见表3-1）

海军部委员会对这个备忘录做了讨论并拒绝了贝雷斯福德的提议，他们认为：贝雷斯福德的说法即使不是错误的，也有夸张的成分。而且，这时的第一海军大臣阿瑟·胡德与他的前任阿斯特里·库珀·基一样，担心这样一个机构将会削弱他的权威。

在这种情况下，贝雷斯福德越过海军部委员会，直接将报告呈递给首相索尔兹伯里。在与几位海军上将讨论后，索尔兹伯里接受了贝雷斯福德的说法。为进一步向海军部的反对势力施压，10月，贝雷斯福德将其机密备忘录的内容泄露给了《帕尔街报》的主编 W. T. 斯特德，斯特德随即将其刊登出

---

① Roger Parkinson, *The Late Victorian Navy*, p. 107.
② Eric J. Grove, *The Royal Navy since 1815*, pp. 73-74.

来，引发了社会舆论对海军部的激烈批评。

表 3-1　贝雷斯福德备忘录的部分内容 ①

机密
战争组织
序言和大体观点　　英国在战争计划和战备工作方面存在着严重的欠缺，考虑到这种欠缺将可能给英国带来非常严重的危险，我写了这份报告，希望海军部能够对这一问题进行及时的考虑。 　　我建议，首先应明确认识到当前存在的危险，并就这一问题形成一份方案呈交上级，探讨建立相关负责机构等具体内容。 　　1885年的英国国内恐慌已经暴露出我们战备部署方面的欠缺，显示出我们在军官调动，兵力配备，军火、煤、军需补给以及医疗后勤等方面组织工作的严重不足。 　　这是非常让人难以置信的：这些人员、物资将是战争爆发后马上必需的，但是，我们现在竟没有一个专职的机构或组织去考虑在需要时应怎样或从哪里得到它们，更没有制订出任何可行的计划去解决这一问题。
一　　我们知道：法国、德国、俄国、奥地利、意大利的海军部门中都有一个常设的参谋机构，其全部职责就是精心地为战争拟订详细的工作方案和准备计划。这些计划保持每三个月被详细地修正调整，并定期呈交给海军部门的负责人。因此，如果战争爆发，这些国家的海军能够快速地做好战争准备，后备军舰能够被及时地配备上足够的官兵、军火、煤和食物给养。而我们却从未认真思考过这种机构的重要性……

迫于上级和公众的压力，海军部委员会只得做出让步。1887年2月，对外情报委员会被扩建为海军情报处。由于第一海军大臣阿瑟·胡德担心海军情报处将会削弱自己的权威，他没有如贝雷斯福德所愿的将其任命为海军情报处的负责人，也没有按照常规任命一位资历较深的海军中将，而是任命了原对外情报委员会负责人霍尔为海军情报处的第一任处长，并任命两位资历较浅的年轻军官雷金纳德·卡斯坦斯和悉尼·厄德利-威尔莫特担任霍尔的助理。霍尔的连任也有利于下一步海军封锁攻击政策的延续和落实。

---

① Roger Parkinson, *The Late Victorian Navy*, p. 95.

第三章　19世纪80—90年代海军封锁攻击政策的形成和落实

二、海军情报处对英、法、俄三国海军实力的客观评估

前文提到，霍尔曾在报告中多次提出：对于执行海军封锁攻击政策而言，英国当前的海军实力是不足的，英国需要加强海军建设。若要确定海军建设的具体内容和规模，先要对英国的海军实力和可能的敌人即法、俄的海军实力有一个客观的认识。

1887年12月，海军情报处对英、法、俄三国的海军实力做了一个较为客观详细的评估和比较，并且根据当时各国的海军建设情况预测出19世纪90年代初各国的海军实力。

为保证评估结果的客观准确，海军情报处将技术水平、舰型优劣等因素都考虑在内。而且，在对三国未来海军实力进行推测时，海军情报处除仔细统计各国正在建造中的军舰数量和打算建造的军舰数量外，还将到时可能退役的老旧军舰排除在外，例如，法国和俄国所有在1871年以前建造的木质船体军舰都未被计算在内。①

海军情报处按照统一的标准将三国军舰分级，② 实力最强的军舰为一级。通过评估，报告得出了以下结论：就当前三国的海军力量而言，在一级战列舰方面，英国拥有13艘，法国有7艘，俄国只有1艘。如果将二级和三级战列舰也包括在内，英国、法国、俄国的战列舰数量各是34艘、23艘和2艘。而且，在法国的16艘二级和三级战列舰中，有14艘是木制船板战列舰，其综合实力较之铁质船板战列舰更低。就19世纪90年代初三国可能拥有的海军实力而言，在一级战列舰方面，英国拥有22艘，法国是14艘，俄国是6艘。如果将二级、三级战列舰也包括在内，则是英国40艘、法国24艘和俄国7艘。而且，在法国的二级和三级战列舰中仍有6艘是木制船板。（详见表3-2）综上，单就海军实力而言，无论是当前，还是90年代初，英国都是毫无争议的海军最强国。

---

① Roger Parkinson, *The Late Victorian Navy*, p. 109.
② 具体的分级标准为：一级舰：三层炮甲板，火炮100门以上，定员875人以上，排水量2500—3500吨；二级舰：三层炮甲板，火炮90—98门，定员750人左右，排水量2000吨以上；三级舰：二至三层炮甲板，火炮64—80门，定员490—720人左右，排水量1300—2000吨。

表 3-2 海军情报处对英、法、俄海军实力的评估

	英国	法国	俄国
(a) 1887年年底可用的军舰数量			
战列舰			
一级	13	7	1
二级	14	7（6艘为木质船板）	0
三级	7	9（8艘为木质船板）	1
巡洋舰和特种船①			
一级	5	4（2艘为木质船板）	2
二级	17	10（6艘为木质船板）	2
三级	37	38（35艘为木质船板）	19
单桅纵帆船和炮艇			
单桅纵帆船	25	14	6
炮艇	18	15	2
远洋炮艇和小型鱼雷艇			
炮艇	24	23	12
鱼雷艇	2	8	2
海岸防御军舰和鱼雷艇			
装甲的	13	14	24
未装甲的	47	50	60
鱼雷艇	132	104	86
(b) 1890年年底可用的军舰数量（推测）			
战列舰			
一级	22	14	6
二级	15	7（3艘为木质船板）	0
三级	3	3（全为木质船板）	1

---

① 特种船（Special Vessel）是指为海上运输、海洋勘探、海上钻井及海上采油等海上作业提供服务和安全保障的工程船和工作船。

第三章 19世纪80—90年代海军封锁攻击政策的形成和落实

续表

	英国	法国	俄国
巡洋舰和特种船			
一级	12	6（2艘为木质船板）	8
二级	23	13	2
三级	39	30（19艘为木质船板）	16
单桅纵帆船和炮艇			
单桅纵帆船	21	13	8
炮艇	30	12	2
远洋炮艇和小型鱼雷艇			
炮艇	13	17	9
鱼雷艇	11	8	3
海岸防御军舰和鱼雷艇			
装甲的	13	14	24
未装甲的	47	50	60
鱼雷艇	132	133	88

资料来源：Roger Parkinson, *The Late Victorian Navy*, p.108。
(a) 截至1887年12月三国的海军实力
(b) 对19世纪90年代初三国海军实力的预测

但是，报告还考虑到这种情况：法俄日益接近，英国可能会面临着与法俄两国共同作战的危险。因此，报告还将英国海军与法俄两国的海军实力之和进行了比较，并得出这样的结论："除非我们现在立即开始建造装甲舰，否则在1891年之后，法俄的海军实力之和将接近我们保障帝国安全所必需的海军优势的底线。"①

此外，报告还初步量化了执行海军封锁攻击政策所需的海军力量。报告提出，"封锁是英国在战争中最明智的海军政策，要尽力阻止敌人的军舰开往海洋"。如果英国海军要对敌人的军港进行封锁，为了满足军舰返回基地加煤和维修的需要，相对于军港内的敌方海军，英国执行封锁任务的舰队至少需

---

① Roger Parkinson, *The Late Victorian Navy*, p.111.

要具备三分之一到四分之一的实力优势。而就当前英国与法俄两国的海军实力来看,这样的比率将会耗尽英国现在所有可用的海军资源。①

报告还提出:"如果敌方军舰突破封锁,就攻击它们。"报告建议,应在英吉利海峡部署一支预备役舰队,其规模应该是法国驻土伦舰队规模的一半,用于攻击成功避开封锁或突破封锁的敌国军舰。

1888年,英国就海军封锁攻击政策进行了一次海军演习,执行这一政策所需的海军力量也被更加具体地量化。

三、1888年的英国海军演习和海军封锁攻击政策所需海军力量的具体量化

1888年,随着英法关系的日趋紧张,英国与法国或者可能是其与法俄两国发生战争的危险似乎即将到来。1月21日,《伦敦标准报》上刊登的一篇文章称:驻土伦的法国海军正在热火朝天地备战。2月初,英国驻意大利和德国的大使告知首相索尔兹伯里:法国海军正在做开赴地中海的准备。此外,英国还获悉,法国国内部分势力正在积极煽动与俄国结盟,而且法国的信贷资本已经大量进入俄国。②

在这样的背景下,1888年7月,内阁与首相索尔兹伯里商议后提出了一系列关于战时英国海军政策和所需海军力量的问题,要求第一海军大臣阿瑟·胡德予以答复。

问题的主要内容是:在英法战争中,或者在英国与法俄联盟的战争中,为了实现封锁敌方军港、攻击敌方港口、保护英国本土和海上贸易、保护直布罗陀、马耳他等战略要地的目的,英国海军应该怎样做,需要多少海军力量。第一海军大臣胡德回复道:"要尽力将敌人驻扎在土伦、瑟堡和布雷斯特的舰队封锁在军港内,一旦有军舰突破封锁,要尽快击沉或俘获它们。"他还提出,为了实现这个目标,需要"在直布罗陀部署一支实力超过法国土伦舰队的海军","在爱尔兰西海岸和英吉利海峡入口处部署一支小型快速巡洋舰

---

① Roger Parkinson, *The Late Victorian Navy*, p. 109.
② Arthur J. Marder, *The Anatomy of British Sea Power*, pp. 126-129.

第三章　19世纪80—90年代海军封锁攻击政策的形成和落实

舰队","在波特兰岛①配备一支实力超过法国瑟堡和布雷斯特舰队的海军","在波罗的海入口处部署四艘战列舰和三艘装甲巡洋舰"等。②

从其内容上看，内阁与第一海军大臣的这次问答其实是在探讨在可能发生的战争中，海军封锁攻击政策该如何被执行。

随后，为了具体量化执行这一政策所需的海军力量，英国进行了一次海军演习。这次海军演习主要检测的是在被牢固守卫的敌方军港外，有效地将敌方舰队封锁在港口内的可行性。③

为了实现对敌方军港的有效封锁，在演习中，英国海军尝试了两种封锁方法：第一种是将封锁舰队的主要力量部署在军港外不远的海面上；第二种方法是将封锁舰队的主要力量部署在临近军港的英国海军基地中，同时将快速巡洋舰和侦察舰部署在被封锁港口外不远的海面上，并保持它们与主舰队之间的及时联络。海军部希望通过这次演习分析这两种封锁方式的优缺点，并估算出在采取以上两种封锁方法时，与被封锁舰队的实力相比，执行封锁任务的舰队需要具备怎样的优势。④

所谓的"敌方舰队"由海军少将乔治·特赖恩指挥，它与"我方舰队"的实力之比基本上等同于在本土海域法国和英国的海军实力之比。在演习中，"敌方舰队"被"我方舰队"封锁在贝雷海文⑤和斯威利湖⑥（其实代表法国军港瑟堡和布雷斯特）。⑦

演习最后的结果是："敌方舰队"突破了"我方舰队"的封锁，沿着英国的东西海岸航行，并"破坏和蹂躏"沿途所经的市镇和海港。⑧

1889年年初，英国海军的三位主要将领威廉·道尔、理查德·汉密尔顿和弗雷德里克·理查兹对这次演习的分析结论形成报告并呈递上级。报告分

---

① 波特兰岛（Isle of Portland），英国南部岛屿。
② Roger Parkinson, *The Late Victorian Navy*, p. 110.
③ Lisle A. Rose, *Power at Sea*, Volume 1, *The Age of Navalism, 1890-1918*, Columbia and London: University of Missouri Press, 2007, p. 11.
④ Roger Parkinson, *The Late Victorian Navy*, p. 111.
⑤ 贝雷海文（Berehaven），当时英国重要的海军基地，位于爱尔兰南部。
⑥ 斯威利湖（Lough Swilly），英国海港，位于爱尔兰。
⑦ Arthur J. Marder, *The Anatomy of British Sea Power*, p. 107.
⑧ Roger Parkinson, *The Late Victorian Navy*, p. 112.

析了"我方舰队"在这场演习中失败的原因。第一,因为在海上加煤的问题一直没有解决,执行封锁任务的军舰必须要开回最近的基地去加煤,这实际就减少了封锁舰队中实际可用的军舰数量。第二,由于"敌方"鱼雷艇对"我方舰队"实施频繁的攻击骚扰,尤其是在夜里,使得"我方"官兵饱受折磨,甚至连"睡觉和休息都是不可能的"。但是,"敌方"鱼雷艇上的官兵们却能够在他们想休息的时候舒适地休息。报告据此总结道:较之风帆时代,现在英国海军对敌方军港执行一次紧密有效的封锁将变得更加困难。①

但是,报告又明确指出:即使有这些困难和危险,对英国来说,封锁仍然是必须要坚持的政策。这是因为,由于不再受季风和潮汐的影响,较之帆船,使用蒸汽军舰执行任务将能够做到更加紧密的封锁。"除了封锁政策以外,再也没有其他方式能够如此有效地保护英国的海上贸易……只有封锁才能够使'亚拉巴马'号的攻击变得没有希望,护航的时代已经过去,封锁就是帝国海军的所有一切。"

随后,报告详细分析了实现有效封锁对海军力量的需求。对于第一种封锁方法,即将封锁舰队的主力部署在被封锁的军港外,报告称:在当前的战争条件下,和被封锁的敌国海军力量相比,执行封锁任务的舰队在战列舰实力上至少需要具备5:3的优势,在巡洋舰实力上至少需要达到2:1的优势,才足以应付军舰返回基地加煤的需要和其他可能出现的问题,也才能够对在坚固防御工事内的敌方海军进行有效的封锁。如果需要控制的海域较为广阔,封锁舰队将可能需要具备更大的实力优势。对于第二种封锁方法,即在港口外部署足够数量的快速小型军舰,并通过电报或其他方式与主舰队保持联络,报告称:首先,采取这种方式将需要一个既要靠近被封锁港口又要安全的基地,以便将主舰队安置在那里。其次,封锁舰队至少需要具备4:3的优势比例。报告更倾向于第一种封锁方法:"如果基地与被封锁港口的距离较远,我们不认为这样一种方式(指第二种方式)将适用。"②

此外,报告还提出了弥补英国当前海军力量不足、加强海军建设的必要性。报告称:如果英国只与一个大国发生战争,对于在战争中采取有效行动

---

① Arthur J. Marder, *The Anatomy of British Sea Power*, pp. 108-109.
② Ibid., pp. 109-110.

来说，英国海军的军舰数量都是"绝对不够的"。假设两个大国联合起来作为英国的敌人，海军力量的对比将非常不利于英国。因此，"（英国）立即开始军舰建设是必要的"，否则，"帝国的安全和庞大的海上贸易都将处于战争带来的严重危险之中"。①

这场海军演习的报告更为具体地量化了政策执行所需的海军力量，在其指导下，海军防御法案出台。

四、1889年海军防御法案和19世纪90年代的英国海军建设

1889年3月，一个大规模的海军建造方案即"海军防御法案"经议会讨论通过。该法案的主要内容是：在未来5年的时间里，建造完成总计约70艘各种类型的军舰，总预算为2150万英镑。②

这个建造内容是依据以下两个标准制订的。

第一个依据是海军建设的"两强标准"。在1889年3月7日的议会辩论中，考虑到当前法俄两国日益接近的趋势，海军将领理查德·汉密尔顿（Richard Hamilton，1829-1912）提出："我们的（海军）建设应该达到这样一个规模：英国的海军实力至少应等于其他两个国家③海军实力之和。"④ 之后直到一战结束，"两强标准"都是英国海军建设最基本的标准。

第二个依据是有效封锁军港所需的战列舰实力上达到5∶3的优势。⑤ 正如历史学家罗杰·帕金森在其《维多利亚时代晚期的海军》一书中所说的那

---

① Oscar Parkes, *British Battleships, Warrior to Vanguard, 1860-1950*, p. 352.
② Jon Tetsuro Sumida, *In Defence of Naval Supremacy: Finance, Technology and British Naval Policy, 1889-1914*, p. 13.
③ 这里暗指法国和俄国。
④ Eric J. Grove, *The Royal Navy since 1815*, p. 75.
⑤ 本章中多次出现了"海军实力""实力优势比例"等诸如此类的说法。在这里，笔者需要对所谓的"海军实力"做一个简单的解释。在19世纪以前，由于造舰技术的长期停滞，新旧军舰在各项性能上差异不大，一艘军舰可以服役60年甚至更长时间而不过时，所以一国的海军实力基本上就等同于军舰的数量。但是，随着蒸汽动力、螺旋桨和铁、钢等新技术和新材料的应用，海军造舰技术在19世纪后半期经历了比之前10个世纪合起来都要大的变化，呈现出技术快速发展的新特点。在这种情况下，即使建造的时间相隔很短，新旧军舰之间都可能存在着较大的性能差异。到80年代，海军实力已不能再等同于军舰数量，而是包含军舰类型、船体设计、武器装备、攻击和防御性能、适航性等多项因素在内的综合实力。所以，对海军实力的评估和比较，是一个非常专业且相当复杂的问题。

样:"在19世纪80年代,帝国海军的力量已经达到或者非常接近于两强标准……海军防御法案的建造内容是由5∶3的战列舰实力优势比例所规定的,这实际在相当程度上超越了两强标准。"① 历史学家埃里克·格罗夫对于海军防御法案也这样评论道:"这个奢侈的海军建造方案反映出英国对于保护本国海上贸易安全的能力的担忧。"②

之后,在整个19世纪90年代,海军封锁攻击政策都被英国所尊奉。例如,在1893年和1898年英法关系恶化时,英国都曾就这一政策的具体执行进行探讨。③ 此外,从这一时期英国的海军建设方案中,也可以明显看出这一点。

1893年,海军部对海军防御法案的完成进度,尤其是战列舰的完成情况做了较为详细的考察后得知:第一批建造的7艘战列舰已在1892年5月完成,另外3艘战列舰的建造工作将在1893年年底以前完成,其余战列舰将在1894年完成。④

在这次考察的基础上,同年8月,海军将领弗雷德里克·理查兹向海军部第一大臣约翰·斯宾塞(John Spencer, 5th Earl Spencer, 1835–1910;1892—1895年在任)提交了一份备忘录。在备忘录中,他提出:"现在,算上已经完成的战列舰和正在建造中的战列舰,英国在战列舰实力上已具有相当的优势。但是,局势并不容乐观……作为对英国出台海军防御法案的直接反应,法国出台了新的海军建设方案,计划在未来十年内花费约370万英镑用于军舰建造。在这种情况下,只要未来俄国在海军建设上投入的资金超过法国所投资金的一半,到1898年,英国的海军实力优势就将面临非常严峻的挑战……因此,在海军建设上,我们不能停顿和观望,而要一直坚持下去,这是维护帝国安全的基础。"

1893年11月,海军部官员威廉·怀特向海军部第一大臣斯宾塞提交了一份备忘录,主要探讨未来5年内(即1894—1899年)英国和其他海军强国的海军建设方案。怀特写道:"考虑到英国已经建造完成和正在建造的军舰数

---

① Roger Parkinson, *The Late Victorian Navy*, p. 114.
② Eric J. Grove, *The Royal Navy since 1815*, p. 78.
③ Arthur J. Marder, *The Anatomy of British Sea Power*, p. 112.
④ Jon Tetsuro Sumida, *In Defence of Naval Supremacy*, p. 16.

第三章 19世纪80—90年代海军封锁攻击政策的形成和落实

量,以及法俄两国新建军舰的战斗性能,到1898年12月,我们至少需要建造完成7艘一级战列舰……考虑到法国和俄国已确定的军舰建造计划,为了给英国海军将来的行动留一些余地,还应该再建造3艘一级战列舰。这些军舰必须要在1899年4月1日之前建造完成。"1893年12月,怀特又提交了一份备忘录。在备忘录中,他强调:"如果要在1898年年底以前建造完成7艘战列舰,那么,在1894年,建造工作必须开始。"

12月15日,第一海军大臣弗雷德里克·理查兹(Frederick Richards, 1833-1912;1893年11月至1899年8月在任)向海军部第一大臣斯宾塞递交了一份备忘录。在备忘录中,他强调威廉·怀特的建议是一个"最小的建造方案"。如果根据这个方案进行建造,"到1898年,将勉强能够达到一比一的实力对比"。

12月19日,众议院就下一步英国海军具体的建造方案展开讨论。前第一海军大臣汉密尔顿(1889年10月至1891年9月在任)首先明确了继续进行海军建设的必要性,他说:"就现在的情况来看,为了维护国家的安全和利益,保护英国海上贸易的安全,必须立刻大幅度增强海军实力。"随后,他就海军建设的具体标准发表了意见:"保护这个国家安全所需的最低海军实力标准是:确保超过任两个国家的海军力量之和。我认为这应该是我们国家的一项基本政策。"查尔斯·迪尔克进一步提出:"我们应该拥有一支比法俄海军之和还要强大的海军。……为了安全,为了实现封锁的目的,我们在战列舰方面必须具备5∶3的优势。"[1]

在多方的努力下,1894年3月,一个大规模的海军建造方案即斯宾塞方案获准通过。这个方案规定了未来5年内英国海军的建造计划,其中包括7艘一级战列舰和20艘巡洋舰,总预算约为2126万英镑。[2]

在斯宾塞爵士的备忘录中,也可以明显看出海军封锁攻击政策对这一建造方案的影响。在备忘录中,他这样写道:"如果在1899年斯宾塞方案结束以前,法俄两国为了打破英国建造方案中确定的战列舰实力5∶3的优势比例,而建造了比原定计划更多的战列舰,我们也将随之增加战列舰的建造数

---

[1] Roger Parkinson, *The Late Victorian Navy*, pp. 165, 177-178.
[2] Jon Tetsuro Sumida, *In Defence of Naval Supremacy*, p. 16.

量,这已经获得了议会的批准。"①

总之,正如英国历史学家阿瑟·马德所说:"在海军防御法案出台后的十年里,在英国政府眼中,这一政策是一项理想而完美的政策";"在1888年以后,英国战列舰上的建造标准一直是对法国和俄国实力之和的5:3的优势……此外,巡洋舰方面2:1的优势也是理解1889年以后英国海军实力的关键"。②

五、海军建设中英国海军部与私营公司的合作

如前所述,19世纪后期,随着工业革命的深入开展和技术水平的提高,海军建设出现了以往从未出现过的新特点,即造舰技术的快速发展。和其他国家相比,英国为此承受了更大的压力,为了继续维持英国的海军优势和海上霸权,确保大规模海军建造方案的顺利落实,海军部与私营公司在海军建设上展开了紧密合作。

(一) 19世纪后期海军建设的新特点及其对英国的挑战

19世纪后期海军造舰技术的大变革最初是由海军武器的改进所引起的。在几个世纪以前,填塞火药的炮弹就已被用于陆军作战,由于使用这种炮弹射击对承载船只有一定危险,军舰上一直使用实心炮弹。在克里米亚战争中,俄国军舰首次用改进后的舰炮向土耳其舰队发射内填火药、击中后能爆炸的炮弹,其结果证明了这种炮弹对使用了几个世纪的木制军舰的毁灭性效果。③

面对军舰攻击力的增强,各国海军开始尝试在木质军舰表面安装铁质装甲以增强防护。在克里米亚战争期间,英法率先为木质军舰上的舰炮安装了铁质装甲。1858年法国建造了世界上第一艘适合远洋航行的铁甲军舰"光荣"号,随后又公布了一个建造33艘铁甲舰的建造方案。④

之后,各国在军舰的攻击性能和防御性能之间,即武器和装甲之间展开

---

① Roger Parkinson, *The Late Victorian Navy*, p. 179.
② Arthur J. Marder, *The Anatomy of British Sea Power*, p. 112.
③ Ibid., pp. 4-5.
④ Ibid., p. 4.

第三章 19世纪80—90年代海军封锁攻击政策的形成和落实

了疯狂的竞赛。19世纪50年代,英舰"勇气"号上安装的8英寸、4.75吨的滑膛前装炮是当时海军最强大的武器,而70年代下水的"无畏"号上安装的已是12.5英寸、38吨的前装炮,在80年代又出现了16.5英寸、110.5吨的威力更强的后装炮。为了应对武器的快速发展,军舰上铁质装甲的厚度从50年代的4.5—5英寸增加到70年代的14英寸,"这就是极限——再多铁的话,没有船能够浮在水面上"。之后,制造者开始尝试通过改变装甲的材质继续提高其防护力,从70年代到90年代初的短短20年间,军舰装甲经历了镀钢的复合装甲、全钢装甲、哈维装甲(使用表面渗碳工艺制成的镍钢装甲)、克虏伯装甲(使用改进的表面渗碳工艺,在钢中加入镍铬合金)的快速发展历程。[①]

除军舰的攻击和防御性能外,蒸汽发动机、螺旋桨和其他部件设备的技术发展也使得军舰的其他性能如速度、煤炭装载量、航行半径等被快速地改进。和其他国家相比,英国为此承受了更大的压力。众所周知,英国庞大帝国和海上霸权的建立都有赖于其强大的海军。在19世纪中期以前,英国的海军优势一直建立在其木制帆船的压倒性数量上,由于造舰技术的长期停滞,这些军舰往往能够服役60年或者更长的时间,[②] 维持英国的海军优势是一个相对简单的任务。但到19世纪后期,旧式木制帆船已被淘汰,每隔很短几年就能看到更新型装甲、武器、发动机等的出现。在这种情况下,英国若要继续维持其海军优势,就必须及时掌握所有相关领域的最新技术并迅速将其运用到海军的实际建设中去。

幸而,英国也有自己的优势——它拥有世界一流水平的私营工业。在19世纪中期,英国的工业革命已经完成,而此时,其他国家的工业革命要么正在进行(如美国和德国),要么尚未开始(如俄国),这时的英国工业无论是在技术水平还是在生产能力上都稳居世界前列。以冶金业为例,在工业革命以前,冶金业已是英国的主要工业之一,自18世纪前期开始,英国的冶金业开始了一系列的技术发展,如熔炉精炼优质钢的方法、尼尔森的热风炉炼铁

---

① Arthur J. Marder, *The Anatomy of British Sea Power*, pp. 5–6.
② Ibid., p. 9.

法、科特的搅拌法和碾压法、贝西默的酸性转炉炼钢法等。① 19世纪以后，随着美德等国工业革命的开展，这些技术才陆续被它们的冶金业所引入。② 技术上的领先保障了英国钢铁工业强大的生产能力。以1850年世界各国的生铁产量为例，这一年法、德、俄、美四国的生铁产量总和为141.6万吨，而英国一国的生铁产量就为225万吨，约占世界生铁总产量的60%以上。③ 之后，英国的钢铁产量继续大幅度增长，其钢铁产量最大国的地位一直保持到19世纪80年代。④ 再来看造船业，这一时期造船业和航运业最为发达的是英国和美国。1850年，英、美所拥有的船舶总吨位数为356.5万吨和348.5万吨，分别占世界船舶总吨位数的39.4%和38.5%。⑤ 二者在蒸汽动力和铁、钢等新材料在造船业的应用上都做出过重要贡献，⑥ 但英国造船业在新技术的发展和应用上略胜一筹。1953年，英国建造的船舶中至少有25%的船只是铁制的，其中有四分之一是蒸汽船，而同年美国只有22%左右的新造船只是铁制的，并且没有一艘铁制汽船。⑦ 在其他诸如机器制造、纺织等工业部门中，英国也拥有强大的优势。19世纪50—60年代，英国在世界工业生产中所占的比重为40%—50%，在欧洲工业生产中的比重为55%—60%。⑧ 可以说，在19世纪中期，英国没有与之相当的工业竞争者。

因此，英国海军部采取与国内发达的钢铁、造船等相关行业私营公司密切合作的方式来应对技术发展所带来的挑战。⑨

---

① 王觉非：《近代英国史》，第241—242、555页。
② 王章辉等：《工业社会的勃兴》，北京：人民出版社，1995年，第114—115、118页。
③ [英] B. R. 米切尔：《帕尔格雷夫世界历史统计》（欧洲卷），第477页；[英] B. R. 米切尔编：《帕尔格雷夫世界历史统计》（美洲卷），贺立平译，北京：经济科学出版社，2002年，第366页。
④ [英] S. N. 布罗德伯里：《生产率竞赛：从国际比较看英国制造业（1850—1990）》，李晓东、常欣译，北京：中国经济出版社，2001年，第194页。
⑤ [日] 宫崎犀一等编：《近代国际经济要览》，陈小洪等译，北京：中国财政经济出版社，1990年，第38页。
⑥ 王章辉、孙娴主编：《工业社会的勃兴：欧美五国工业革命比较研究》，北京：人民出版社，1995年，第178—180页。
⑦ [英] H. J. 哈巴库克等编：《剑桥欧洲经济史》（第六卷），王春法等译，北京：经济科学出版社，2002年，第234页。
⑧ François Crouzet, *The Victorian Economy*, London: Routledge, 2006, pp. 4-5.
⑨ Bryan Ranft, *Technical Change and British Naval Policy, 1860-1939*, p. 37.

（二）海军部与私营公司合作关系的发展历程

这一时期海军部与私营公司合作关系的发展大致可以划分为三个阶段。

第一阶段，在19世纪中期以前，英国军舰的建造主要由海军部所属的造船厂负责，私营公司较少参与，且主要向海军部提供非军事专用的技术和设备。例如，在18世纪后期，海军部将私营造船业的船底镀铜技术应用到军舰上。又如在19世纪20年代，私营工业开始为海军建造舰船蒸汽机。[1]

第二阶段，从19世纪50—60年代开始，海军技术大变革的序幕拉开，海军部开始加强与国内私营公司的合作，利用其技术和硬件优势弥补自身技术力量的薄弱。如前所述，19世纪中期，英国工业无论是在技术水平还是在生产能力上都稳居世界前列，而且自50年代起，英国国内一些著名的工程师和企业家已经看到了海军技术发展带来的新商机并已着手进行相关的研究：阿姆斯特朗和约瑟夫·惠特沃斯开始关注对枪炮的科学设计，约翰·布朗和查尔斯·帕尔默致力于军舰装甲板的研制等。[2] 因此，当这一时期钢铁等新材料的应用和其他技术的快速改进给了只擅长使用木质材料造船、技术力量薄弱的海军部以很大的压力时，它便开始向国内发达的私营工业寻求合作。

第三阶段，19世纪80年代以后，海军部和私营公司的合作更为频繁和密切，此时英国建造的每一艘军舰都是二者合作的成果。[3] 而且，二者对彼此的依赖性越来越强。

对海军部来讲，首先，虽然此时海军部的技术水平已有很大提高，但在技术快速发展的背景下，对新技术的研制需要投入大量的资金和人力，通过前期的合作，海军部愈加发现，通过与私营公司的合作，它无须投入太多便可获得绝大部分的新技术。[4] 其次，由于国际局势的恶化，19世纪80年代末海军部确立了海军建设的"两强标准"，[5] 开始进行更大规模的军舰建设，更需借助私营公司之力。最后，在国际局势恶化、战争危险增加的背景下，海

---

[1] Bryan Ranft, *Technical Change and British Naval Policy, 1860-1939*, p.37.
[2] Ibid., p.38.
[3] Ibid., p.37.
[4] Ibid., p.60.
[5] Eric J. Grove, *The Royal Navy since 1815*, p.76.

军部认为，在和平时期加强与私营公司的合作，维持其经营运转的良好状态，能够为战时积蓄技术力量和生产设备，以确保私营公司的生产能力能够满足战时海军的更多需要。①

从私营公司角度来讲，19世纪80年代以后，随着德、美等国制造业的日渐崛起，英国公司在世界市场上受到日益激烈的挑战。以钢铁业为例，从80年代起，德国钢铁商品开始在国际市场上与英国展开竞争，英国的钢产量也在1886年和1893年分别被美国和德国超过。② 此外，英国的造船业和军备制造业也面临德国制造商的激烈竞争，③ 在这种情况下，他们对国内海军订货的依赖自然也就越来越强。

（三）合作方式

二者的合作主要采取海军部订货的方式，由海军部和私营公司签订订购合同。其具体步骤如下。

第一步，由海军部形成一个军舰设计方案。一般先由以海军部第一大臣为首的海军部委员会向海军部第三大臣④提出建造军舰的要求。海军部第三大臣则要求其掌管的海军建造处出具一份设计草图，海军建造处在与机械处等部门协商后形成设计草图，⑤ 由海军部第三大臣递交给海军部委员会，经其讨论和修改后，再拿回海军建造处做进一步完善。当设计草图通过后，海军建造处再与机械处等部门协商后拿出较详细的设计方案，交到海军部委员会以获得最后通过。⑥

第二步，选择要合作的公司。海军部选择与哪个公司进行合作主要取决

---

① Arthur J. Marder, *The Anatomy of British Sea Power*, p. 37.
② Ross J. S. Hoffman, *Great Britain and the German Trade Rivalry 1875-1914*, New York: Russell & Russell, 1964, pp. 111, 239.
③ Arthur J. Marder, *The Anatomy of British Sea Power*, p. 40.
④ 1832年海军部成立以后，海军的采办与装备事宜一直由审计官（the Controller）负责。1869年，审计官成为海军部委员会委员，改称海军部第三大臣，其下设海军建造处和机械处。海军建造处主要负责军舰船只的设计工作，绝大多数军舰的设计方案都是由这一部门拿出的。机械处主要负责发动机及其他辅助机械的设计和生产监督工作，但它一般只出具一份规格说明书，其他具体设计制造一般由私营公司负责。后来随着海军技术发展的需要，其下又增设了海军军械处、鱼雷和水雷管理处、电气工程处等其他部门。
⑤ 后来设立的海军军械处、鱼雷和水雷管理处、电气工程处等部门也参与讨论。
⑥ Bryan Ranft, *Technical Change and British Naval Policy, 1860-1939*, p. 40.

第三章　19世纪80—90年代海军封锁攻击政策的形成和落实

于该公司在某一领域中的技术水平和硬件实力。在19世纪70—80年代，根据各公司的专长，海军部逐渐形成了自己专属承建商的名单。名单分类细致，针对不同的项目如原材料采购、船体建造、某一部件或设备的建造等都有各自的承建商名单，甚至汽艇与小艇的承建商也都被分别列出。为了被列入名单，公司先要向海军部提交申请，而后接受海军部所派遣官员的调查；如果调查后确定该公司有承建某一项目的能力，这个公司就会被列入相关名单。虽然绝大多数公司只在某一方面有所专长，但一些最大规模的公司如维克斯公司、阿姆斯特朗公司、帕尔默公司等能够生产包括蒸汽发动机、装甲、武器等在内的多种配件，甚至能够用最基本的原材料装配出一艘完整的军舰，所以它们会在多个项目的承建商名单上出现。具备承建资格的公司就可以对海军部的项目进行投标了。当然，如果海军部认为自己的项目在设计或建造方面有较大难度，它会将投标邀请函只送给它认为有实力克服这些困难的公司。此外，船体、发动机、装甲等重要项目的承建商一直也只在各领域中几个实力雄厚的大公司中选择。[1]

第三步，签订合同。为了确保军舰的整体性，海军部一般会任命船体制造商担任主承建商，并将发动机、装甲及其他部件和设备的合同一并交给它，由其选择次承建商并将名单呈交海军部。当然，主承建商必须从海军部相关项目的承建商名单中选择次承建商，如果海军部认为它推荐的次承建商不合适，会要求它换上自己选定的公司。次承建商被选定之后，从主承建商那里获得相关项目的订购合同，但要接受海军部官员的指导和监督。除船体制造商外，海军部也曾使用过发动机制造商和装甲制造商做主承建商。[2]

为了确保产品的质量，在建造过程中，海军部会从相关部门派出调查人员对产品的重量、质量等性能进行检测，如果某一项没有通过，产品将被要求重做。如果出现严重质量问题，或者公司试图通过欺诈手段骗过调查人员，海军部将可能在短时期内或者永久性地取消该公司的承建资格，将其从承建商名单上除名。这是一个非常严重的惩罚，因为其他国家在英国进行相关采购时也是以海军部的名单作为指导，被除名的公司不仅不能承接海军部的订

---

[1] Bryan Ranft, *Technical Change and British Naval Policy, 1860-1939*, pp. 40-42.
[2] Ibid., p. 41.

货,也将接不到任何来自国外的相关订货。①

此外,对于一些重要的技术成果,海军部会限制私营公司出口。一般情况下,海军部允许私营公司承接国外订单,但对于某些重要的技术成果,海军部会许以优惠条件要求私营公司在一定年限内禁止出口。例如,维克斯公司为海军部建造潜艇,海军部要求维克斯公司在7年内(后来减少至5年)禁止出口潜艇,并给予维克斯公司一项专卖权作为补偿。②

总之,在二者的合作关系中,海军部处于较优势的地位,在合作对象的选择、产品质量的监督和技术的垄断等方面有着较大的主动权,这也确保了二者的合作对英国海军建设的积极作用。

(四) 主要合作领域

从整体上看,海军部与私营公司的合作主要集中在两个方面:一是在军舰船体的设计和建造上,二是在对军舰上装备的发动机、装甲、武器等部件和设备的研制上。③ 在不同的合作领域中,二者所发挥的作用也各不相同。

一方面,军舰船体的设计是海军部的专长。1860年,海军部成立海军建造处,负责人是爱德华·里德,其下设帝国海军建造研究所和航海工程研究所。④ 它的成立成就了英国海军部在军舰船体设计领域中的世界领先地位,其突出贡献主要有三点:一是创立了比照法(the Law of Comparison)⑤,是水动力学研究方法和船体检测方法上的重大突破;二是首创了以抵御水雷为目的双层船底和分隔舱区的军舰设计;⑥ 三是在世界上率先将铁和钢加工成为安全可靠的造船材料,并形成了使用钢铁材料造舰的详细说明书,这一说明书后来被绝大多数国家的海军作为标准采用。⑦ 当然,这并不意味着海军部是改进

---

① Bryan Ranft, *Technical Change and British Naval Policy*, *1860-1939*, p. 42.
② Ibid., p. 57.
③ Ibid., p. 37.
④ Oscar Parkes, *British Battleships*, *Warrior to Vanguard*, *1860-1950*, p. 82.
⑤ 1872年,在造船工程师威廉·弗洛德的积极倡导下,海军部在英国西南部海滨城镇托基建造了船只模型试验水槽。弗洛德率先使用将原尺寸按精确比例缩小的船模进行船舶阻力的研究测试,改变了以前必须通过建造原尺寸的船只进行测试的做法,是水动力学研究方法和舰体检测方法上的重大突破。
⑥ Bryan Ranft, *Technical Change and British Naval Policy*, *1860-1939*, pp. 44-45.
⑦ E. L. Attwood, *Warship*: *A Text Book*, London, 1904, p. 45.

第三章 19世纪80—90年代海军封锁攻击政策的形成和落实

军舰船体设计和建造方法的唯一贡献者,例如,桑尼克罗夫特公司和亚罗公司都曾在改进快速轻型军舰和驱逐舰的船舶尺度方面做了大量的研究。① 但是,这一时期海军部在军舰船体设计领域中的领先地位是无可撼动的。

因此,在军舰船体的设计和建造过程中,一般先由海军部拿出详细的设计方案,再与造船公司签订合同,造船公司必须严格按照海军部的设计方案建造,并要接受海军部技术人员频繁而严格的检测。

另一方面,军舰上装备的发动机、装甲、武器等部件的研制工作则主要由私营公司承担。

在蒸汽发动机的研制方面,19世纪中期蒸汽动力取代风力成为英国军舰的主要动力,之后直到20世纪初,军舰上装备的蒸汽发动机经历了单胀式蒸汽机、双胀式蒸汽机②、三胀式蒸汽机、四胀式蒸汽机③的快速发展。④ 在蒸汽发动机的研制上,海军部发挥的作用非常有限,几乎完全局限于这两项:一是在制造前根据自己的需要对发动机的体积、重量和功率等提出基本的要求,二是对私营公司制造蒸汽机所用的材料进行检测。其余诸如发动机的设计构图、选料制造、安装调试等工作一概由私营制造商们负责。⑤ 英国航海蒸汽发动机的研制中心在泰晤士河和泰恩河地区,这一领域中最负盛名的汉弗莱斯公司、坦能公司、莫兹利公司、佩恩公司、帕森斯公司、沃尔森德船台工程公司等都集中在这里。除了这些专业的发动机研制公司外,绝大部分的造船厂也都具备制造发动机的能力。⑥

在军舰装甲的研制方面,私营公司发挥了同它在19世纪80年代以后海军武器研制中相似的作用:海军部在签订订购合同时提出基本的要求,或对

---

① Bryan Ranft, *Technical Change and British Naval Policy*, 1860-1939, p.46.
② Roger Parkinson, *The Late Victorian Navy*, p.119.
③ Bryan Ranft, *Technical Change and British Naval Policy*, 1860-1939, pp.46-47.
④ 所谓"几胀式",是指蒸汽在汽缸中的膨胀次数。例如,双胀式蒸汽机(the Compound Expansion Engine),是指蒸汽依次在高压及低压缸内进行两次膨胀,将蒸汽热能转换成机械功的蒸汽往复机;三胀式蒸汽机(the Triple Expansion Engine),是指蒸汽依次在高压、中压及低压缸内进行三次膨胀,将蒸汽热能转换成机械功的蒸汽往复机。参见《船舶名词术语》编订组编:《船舶名词术语》(第四册),北京:国防工业出版社,1979年,第35页。
⑤ E. L. Attwood, *Warship: A Text Book*, pp.286-287.
⑥ Bryan Ranft, *Technical Change and British Naval Policy*, 1860-1939, p.43.

装甲制造商们拿出的具体设计提出一些修改意见，最后对其成品进行检测。①在英国，任何拥有大型轧钢机、能够生产大型钢铁铸件的公司都能够制造厚度小于6英寸的钢铁装甲，但是制造厚度更大的钢铁装甲或硬度更高的合成材料装甲则需要通过专业的技术工艺对钢铁等原材料进行加工。这些工艺的研发需要大量资金和人员的投入，只有如维克斯公司、凯末尔公司、约翰布朗公司、弗斯公司、惠特沃斯公司、比尔德莫尔公司等这样实力雄厚的大公司能够承担得起。②

在武器方面，19世纪80年代以前，英国海军武器的研制几乎都被私营公司垄断。1882年，海军部在朴次茅斯港周围的一个岛上成立了海军武器研究所，开始与私营公司就海军武器的检测进行一系列合作。之后，为进一步加强海军对所使用武器的掌控力，军械处处长杰基·费舍尔积极加强海军军械处、海军武器研究所与主要武器制造公司之间的合作，海军部对海军武器的研制有了更多的介入。但是，直到一战以前，私营公司都是海军武器研制的主力承担者。在武器的研制过程中，先由海军部提出基本的要求，具体的设计和制造工作均由私营公司负责，最后由海军部对产品进行检测或者参与检测。③ 英国海军武器可以分为舰炮和能够快速射击的轻型枪支，舰炮及炮架④的研制需要较高的技术水平，基本上都是由阿姆斯特朗公司、埃尔斯威克公司、惠特沃斯公司、维克斯公司、考文垂军械公司和比尔德莫尔公司这类的大型军备制造商承担。轻型枪支的主要制造商是霍奇基斯公司（其专利后被阿姆斯特朗公司购买）和努登费尔特公司（亦称马克西姆—努登费尔特枪弹公司，在1897年被维克斯公司兼并）。⑤

此外，军舰上其他的非军事专用的船舶用具如锚、缆绳、电报机等的研制也主要是由私营公司负责。迪克森公司、科尔韦特公司和R.S. 纽沃尔公司

---

① Bryan Ranft, *Technical Change and British Naval Policy, 1860-1939*, pp. 51-52.
② Ibid., p. 43.
③ Ibid., p. 50.
④ 舰炮，是指装置在舰艇上符合海上作战要求的火炮。炮架，是指保持舰炮稳定并提供舰炮其他结构的承装位置及转动空间，由托架、支撑架、基座、转台等组成的支持俯仰、回转、稳定部分运动的构架。参见《船舶名词术语》编订组编：《船舶名词术语》（第五册），北京：国防工业出版社，1979年，第35、70页。
⑤ Bryan Ranft, *Technical Change and British Naval Policy, 1860-1939*, p. 43.

第三章　19世纪80—90年代海军封锁攻击政策的形成和落实

是主要的缆绳制造商，赫兹艾菲尔公司以生产防污漆闻名，克拉克·查普曼公司则能生产类别最为广泛的船用设备。① 这些用具的设计很多原是提供给商船的，制造商们将这些设计拿给海军部，海军部有时会根据海军的需要提出简单的修改意见。如果有多个制造商提供了同一种配件的设计，海军部将对它们提供的样品进行详细测试，而后再决定订购哪个公司的产品。②

总之，私营公司在除船体设计以外的船体建造及各项部件、用具的研制中都发挥了最为主要的作用，是推动这一时期英国海军技术发展的中坚力量。

（五）合作的影响

第一，对于私营公司来说，与海军部的合作增加了其经济收益和政治影响力。

一方面，海军部大规模的订货使得私营公司在其他国家制造商日益激烈的挑战下仍能获得高额的收益。以阿姆斯特朗公司为例，1893—1898年，它的利润率是10%—13.33%，1899—1904年增至15%—20%。1896—1904年，该公司的年度净利润从35.6万英镑增至50.1万英镑。③

另一方面，海军部大规模的订货间接增加了私营公司的政治影响力。军舰的建造涉及造船、钢铁、煤炭、军备等多种行业，据海军部高级官员查尔斯·贝雷斯福德在1897年的统计，有超过100万的英国人与军舰的建设有直接利害关系，这还未包括受工人抚养的家属、从中直接或间接获利的其他行业的零售商和批发商们，这些人的生计都会随着当地海军军备贸易的状况而马上发生相应的变化。④ 因此，海军部承建商所在行政区的选民们选举出的自然是支持海军建设的议员，甚至不少议员本身就是私营公司的领导。例如，代表英格兰东北部贾罗镇的是帕尔默造船钢铁公司的 C. M. 帕尔默，代表北爱尔兰东北部贝尔法斯特市的是哈兰德·沃尔夫重工业公司的 G. W. 沃尔夫等。⑤ 政治影响力的增加，更有利于私营公司给海军部施加压力，以获得持续

---

① Bryan Ranft, *Technical Change and British Naval Policy, 1860-1939*, p. 42.
② Ibid., p. 53.
③ Arthur J. Marder, *The Anatomy of British Sea Power*, p. 26.
④ Ibid., p. 30
⑤ Ibid., p. 31

不断的海军订货和高额利润。

第二，对英国的海军部和海军建设来讲，这种合作的积极作用居多，但也有一些不利的影响。

一方面，在技术快速发展的背景下，二者的合作使得海军部能够在不投入过多人力、物力和资金的情况下保持英国海军在技术上的领先地位，并能将新技术快速地应用到大规模的海军建设中去。同时，海军部还能通过私营公司获取国外情报。因为技术水平的高超，英国私营公司会接到大量来自国外的海军订货，它会将自己为外国海军所建造项目的所有细节形成报告递交给海军部。私营公司还通过其派驻国外的代表为海军部收集情报。例如，在1905年日俄海战后，阿姆斯特朗公司的驻远东代表随即形成了关于日舰对俄舰船壳的破坏程度和其他影响的报告并发给了海军部。[1]

另一方面，私营公司为获得更多的海军订货和收益，通过议会[2]、其官员股东[3]、社会舆论[4]等多种途径向海军部施压以促使其扩大军舰建设，甚至造成不必要的浪费。例如，当生意不景气时，私营公司会通过新闻报刊散布英国海军力量严重不足的虚假信息，以煽动公众的恐慌情绪给海军部施压。1884年，海军部曾为此提出了一个预算为310万英镑的军舰建造方案，[5] 而且"其中任何一艘被计划建造的军舰都没有被设计承担任何一个甚至是预备役的角色"，[6] 也就是说，这些军舰的建造完全不在海军部之前的战略部署之内，而是纯粹迫于压力的无奈之举。

总而言之，在19世纪后期至20世纪初海军技术快速发展的背景下，海军部和私营公司在海军建设上的密切合作，使得英国海军在军舰数量和质量上都得以保持世界领先水平，确保了直到一战结束时英国海军的相对优势地位。

综上所述，在19世纪80—90年代，在英国与法俄关系恶化、战争危险

---

[1] Bryan Ranft, *Technical Change and British Naval Policy*, *1860-1939*, p. 57.
[2] Arthur J. Marder, *The Anatomy of British Sea Power*, p. 32.
[3] George Seldes, *Blood and Profits*, New York: Harper & Brothers, 1934, p. 124.
[4] Roger Parkinson, *The Late Victorian Navy*, pp. 89-91.
[5] Oscar Parkes, *British Battleships*, *Warrior to Vanguard*, *1860-1950*, p. 328.
[6] Roger Parkinson, *The Late Victorian Navy*, p. 92.

第三章 19世纪80—90年代海军封锁攻击政策的形成和落实

加剧的背景下,在海权思想的影响下,英国海军部提出了海军封锁攻击政策,并积极推动该政策的落实。这一政策其实放弃了对海上贸易的直接保护,而是通过海军主动封锁和攻击的行动客观上达到保护海上贸易的效果,并将如何防御这个问题抛给敌方。该政策其实已经超越了单纯的海上贸易保护政策范畴,而是确定了战时英国海军整体战略的基本方向。该政策在80—90年代虽然受到官方的推崇,但英国的一些海军将领如乔治·埃利奥特、博蒙特上将、杰弗里·菲普斯·霍恩比等人以及英国海军历史学家约翰·诺克斯·劳顿等都对该政策的有效性表示质疑,并提出应采取巡航、护航或者驻扎军舰等方式对海上贸易进行直接的保护。这些质疑声也推动了20世纪初英国一项更为全面的战时海上贸易保护政策的出台。

第四章

20 世纪初英国战时海上贸易保护政策的形成

海军封锁攻击政策虽然在 19 世纪 80—90 年代受到英国官方的尊崇，但是出于种种原因，在 20 世纪初，英国重新就海上贸易保护问题展开探讨，并形成了一项较为全面的战时海上贸易保护新政策。

第一节　20 世纪初英国重新探讨海上贸易保护问题的原因

在 20 世纪初，英国海军部重新就海上贸易保护问题展开探讨，其主要原因如下。

第一，海军封锁攻击政策实际放弃了对海上贸易的直接保护，该政策提出后，其有效性颇受质疑。

例如，在 1888 年英国海军的演习中，"我方舰队"对"敌方军港"封锁的失败使得部分海军将领对该政策的有效性提出质疑。以乔治·埃利奥特为代表的一些海军将领极力主张放弃对敌方军港实施封锁，他们认为："鱼雷艇的出现，已经使得对敌方军港的紧密封锁成为一件不可能的事情。"①"无论我们的封锁如何紧密，它们都能够寻隙逃脱，并成为令英国海上商船感到恐怖的对手……在 1888 年的海军演习中，虽然'我方舰队'为了阻止'敌舰'逃出，做出了尽可能仔细谨慎的部署，以及非常严密的海上搜索，而且，也没有大雾、降雨等恶劣天气的干扰，仍有三艘'敌舰'在未被'我方舰队'察觉的情况下成功突围。"② 演习结束后，在伦敦商会的演讲中，海军上将杰

---

① Arthur J. Marder, *The Anatomy of British Sea Power*, p. 110.
② May Sinclair Edward, *Principles and Problems of Imperial Defence*, p. 218.

第四章 20世纪初英国战时海上贸易保护政策的形成

弗里·菲普斯·霍恩比也表示出对海军当前政策思想的忧虑不安，并提出应该通过军舰巡航和护航对海上贸易予以直接的保护。他认为，还是应该派遣军舰沿航路巡航，尤其是在"重点海域"进行巡航，这样才能有效地保护英国的海上贸易。此外，在地中海等海域的航路上，还可以组织少量的小规模的护航行动。考虑到当前英国商船的总量，海军部至少应该提供186艘巡洋舰。

再如，在1894年，英国著名海军历史学家约翰·诺克斯·劳顿也提出：应该将大量的巡洋舰、鱼雷艇、炮艇等军舰部署在像英吉利海峡这样的危险海域中，使用巡洋舰对贸易航路进行巡航，将更大型的军舰驻扎在基地内，以备在需要时对巡洋舰提供支援。①

又如，1898年法绍达危机②发生后，海军情报处负责人博蒙特上将曾向海军部提交了一份备忘录，较为详细地探讨了在英法战争中英国海上贸易的保护问题。在这份备忘录中，他提出：在战时，敌人将很有可能在重要贸易航路的交汇海域对英国商船发动攻击，应向沿途港口和加煤站派驻专门用于保护贸易的舰队；除了需要避开法国近海岸海域或者法国的海军基地外，英国商船应坚持沿着通常的贸易线路航行；要向商船船主们发放指南，告知他们在遭遇危险时可驶入哪些被防御的港口和加煤站中以得到保护；除非在特别情况下，不应再对商船进行护航。但是，这项建议没能获得海军部委员会的批准。③

还如，在1902年，英国驻远东海域舰队总司令曾向海军部提议：在新加坡至上海的航路上，每隔一段距离派驻一艘巡洋舰，以保护英国的贸易商船。但是，海军部否定了他的建议，其理由是：这样做将会分散英国的海军力量，单艘英国军舰很可能会被来自法属印度支那④西贡的法国巡洋舰舰队摧毁。⑤

第二，在19世纪90年代和20世纪初，英国国内"饥饿理论"（Starvation

---

① John Winton, *Convoy: The Defence of Sea Trade, 1890-1990*, p. 22.
② 法绍达危机（Fashoda Incident），1898年9月英法两国为争夺非洲殖民地在苏丹法绍达村发生的一场战争危机。
③ Arthur J. Marder, *The Anatomy of British Sea Power*, p. 96.
④ 法属印度支那（French Indo-China），是法国在东南亚的一部分殖民地，包括今越南、老挝和柬埔寨三国。
⑤ Arthur J. Marder, *The Anatomy of British Sea Power*, p. 97.

Theory)盛行,进一步引发了公众对战时海上贸易安全的担忧和关注。

这一时期,英国所处的国际局势日趋紧张,战争危险不断加剧。由于英国国内在粮食、原材料等生活、生产必需品上对海外依赖严重,"饥饿理论"在英国新闻舆论界甚嚣尘上,几乎每一篇谈及未来战争的文章都充斥着这样的想象:英国在战争中失去了对海洋的控制,英国的海上贸易被切断,国内生活必需品的价格增长到前所未有的高度,随之而来的将是民众的贫困、饥荒、痛苦和不满,而后是政府的瘫痪,等等。例如,在1893年,一篇题为《1897年大战中的英国》的文章想象了在未来1897年发生的战争中英国的境况,描绘了一幅可怕的饥荒场景。该文章刊登后颇受欢迎,并在1894年以书的形式出版。截至1896年,该书已被再版了11次。①

1898年,英国国内的这种担忧达到了顶点,这是因为:第一,法绍达危机使得英法关系降至冰点,战争一触即发。② 第二,由于1898年4月美西战争的发生,导致世界小麦、面粉等的价格大幅度上涨,在西班牙和意大利,食品短缺和物价飞涨都引发了暴乱。在这种背景下,6月26日,英国民众在伦敦特拉法加广场举行示威游行,要求政府关注粮食问题、抵制饥荒。③

1901年,以斯图尔特·默里舰长为代表的一些官员再次对战时食品的供给问题提出担忧,他们认为:战时敌国对英国贸易商船的攻击,可能会阻断美国小麦进入英国。④

第三,马汉"海权论"的出台,对英、法、德等国的海军战略产生了重大影响。

阿尔弗雷德·塞耶·马汉(Alfred Thayer Mahan,1840-1914)是美国著名的军事历史学家、军事理论家。1890年和1892年,马汉的两部海权论著作《海权对历史的影响,1660—1783》和《海权对法国革命及帝国的影响》出版,在大西洋两岸掀起了海权论的狂潮。海权论,是指主张拥有并运用优势海军和其他海上力量,以确立对海洋的控制能力,进而实现国家战略目的的

---

① Arthur J. Marder, *The Anatomy of British Sea Power*, p. 85.
② 王绳祖:《国际关系史》(第三卷),第126—127页。
③ Arthur J. Marder, *The Anatomy of British Sea Power*, p. 92.
④ "Our Food Supply in Time of War," *RUSI Journal*, June, 1901. 转引自 Arthur J. Marder, *The Anatomy of British Sea Power*, p. 93。

第四章 20世纪初英国战时海上贸易保护政策的形成

军事理论。19世纪后期英国科洛姆兄弟等海权思想家的思想也是马汉"海权论"的重要思想来源。马汉在海军战略方面的主要观点包括：海上作战的主要目标是夺取制海权；夺取制海权的方法是海上战斗和海上封锁[①]；海军在战争中的主要任务是集中兵力、积极进攻以摧毁敌方主要舰队；如果敌方舰队被歼，敌人必将遭到彻底失败，已方海军便可控制海洋；等等。[②]

马汉的海权论在英国取得了极大的成功，他本人曾受邀参加英国维多利亚女王的国宴，由英国政要和当时正在英国访问的德皇威廉二世作陪。牛津大学和剑桥大学在同一星期内授予了马汉荣誉博士学位。[③] 英国的海权主义者们也对其思想进行了高度的评价和积极的宣扬，英国陆军上校克拉克曾这样赞扬马汉："您的思想，在我们的道路上投下了一束亮光，为我们指明了前进的方向。"英国海军历史学家劳顿、海军作家瑟斯菲尔德等人也表达了类似的看法，瑟斯菲尔德这样写道："所有的鉴赏家都认为，马汉是所谓海军历史哲学的创始人和第一个倡导者，他掌握和理解了海军历史哲学的全部意义。马汉在其著作中所探讨的精神，完全可以与亚当·斯密在《国富论》[④] 中的精神相提并论。"[⑤] 除英国外，马汉的海权论在德、美、法等国也引起了积极的回响，并对这些国家的海军政策产生了深远的影响。进入20世纪之后，英、德、法等国海军建设的重心日益向适合进行海上作战的大型战列舰[⑥]倾斜。

在上述因素的影响下，20世纪初英国官方再次就海上贸易保护政策展开探讨。

[①] 海上战斗（Naval Combat），指敌对双方海军编队、兵力群和舰艇在海上进行的战斗。海上封锁（Maritime Blockade），指控制特定海域或海上通道，隔绝对方海岸、岛屿同外界联系的作战。（军事科学院作战理论和条令研究部编：《中国军事百科全书》（战略分册），北京：中国大百科全书出版社，2007年。）

[②] 军事科学院世界军事研究部编：《中国军事百科全书》（外国军事思想分册），北京：中国大百科全书出版社，2007年，第251、254页。

[③] 钮先钟：《西方战略思想史》，第387页。

[④] 亚当·斯密（Adam Smith，1723—1790）的《国富论》（*The Wealth of Nations*，1776）是现代政治经济学研究的起点，被称为西方经济学的"圣经"，它的出版标志着经济学作为一门独立学科的诞生。

[⑤] 王生荣：《海权论的鼻祖——马汉》，北京：军事科学出版社，2000年，第105—106页。

[⑥] 1906年英国研制出更为先进的大型战列舰"无畏舰"（Dreadnought）后，无畏舰就成为一战前各海军强国竞相建造的主力战舰。

第二节　战时保护海上贸易的基本前提
——掌握制海权

随着社会各界对战时海上贸易安全问题的关注日益加强，1902年7月，英国海军部海军情报处组建了新部门①专职处理"保护战时海上贸易"的相关问题。

该部门成立后，经过调研和探讨，在1903年形成了一份备忘录，其主要观点是：战时掌握制海权是保护英国海上贸易的前提。其具体内容如下。第一，战争爆发后，英国首要的战略目标应是争夺制海权。报告称：无论是对保护海上贸易的安全，还是对赢取一场海战的胜利来说，掌握制海权都是基本的前提。因此，战争爆发后，英国"第一位和最重要的目标"将是集中力量攻击敌国海军、通过舰队战斗来争夺制海权。第二，英国夺取制海权后，英国海上贸易的安全便可基本无忧。报告称：英国海军若取得了制海权，敌方海军便都在英国海军的监视和控制之下，英国海上贸易的安全自可基本无忧。而且，即使有少数军舰能够躲过英国海军的监视、前去攻击英国贸易商船，海军部也能够很容易地抽调出一支实力更强的巡洋舰舰队去防备它们。②

食品原材料供给委员会③也赞同海军部海军情报处的这一观点，并在其报告中进一步强调了制海权对于保证战时贸易安全和物资供给的重要性，报告称：在一场与任何两个海军强国的战争中，除非英国海军失去了对海洋的控制，否则战时供应英国的小麦、面粉等将不会出现有形的减少。当然，掌握制海权也并不能确保英国海上贸易的丝毫无损。④

随后，在1905年4月底，针对英国战时海上贸易的保护政策，第一海军

---

① 这是海军情报处组建的第四个部门。在1900年以前，海军情报处下设两个部门，即前文提到的负责情报相关工作的部门和负责战备相关工作的部门。1900年，海军情报处设立了第三个部门，负责处理海军战略的相关问题。（Arthur J. Marder, *The Anatomy of British Sea Power*, p. 97.）

② Arthur J. Marder, *The Anatomy of British Sea Power*, pp. 97-98.

③ 1903年年初，食品原材料供给委员会被组建，其职责就是就战时食品等物资的供给问题展开调查并督促政府相关工作的进行，相关情况将在本章第四节涉及。

④ Arthur J. Marder, *The Anatomy of British Sea Power*, p. 94.

大臣约翰·费舍尔（John Fisher，1841-1920；1904年10月至1910年1月在任）及其亲近幕僚（包括海军情报处的高级官员们）举行了几场具有决定性意义的会议，再度肯定了掌握制海权的重要性。会议报告称：在未来发生的海上战争中，英国海军的首要任务将是"找出敌方海军并与之进行战斗，以争夺决定海上战争胜败的唯一真正因素——制海权"。一个能够掌握制海权的国家在与敌国作战时，相当大部分的本国海上贸易将能够免受损失，而且，和本国海上贸易所承受的损失相比，它能够更多地去摧毁敌国的贸易。如果这个国家在战前是一个伟大的商业国家，战争的胜利也将不会削弱它的繁荣和富足。①

综上所述，这些观点都强调了海上战争中掌握制海权的首要性和优先性。正如费舍尔所说，"我们相信：在相当大的程度上，英国的海上贸易可以被视为是一个巨大的诱饵，它能够将敌人的军舰引出港口，将其带入和英国海军的舰队战斗中去"，"海上贸易保护在本质上不是保护贸易航路的问题，而是钳住、捕获和摧毁任何敌方巡洋舰的问题"。② 这种战略倾向的出现，很明显是受到了海权论的影响。

第三节　战时对海上贸易的直接保护
——军舰驻守航路和商船的配合

1904年10月，费舍尔被任命为英国第一海军大臣。上任后，费舍尔致力于明晰英国的海军战略和战争部署，并命海军情报处就海上贸易保护问题展开彻底全面的研究。

如前所述，在1905年4月底，针对英国战时海上贸易的保护政策，费舍尔及其亲近幕僚举行了几场具有决定性意义的会议，再次肯定了掌握制海权的重要性。但是，会议也提出：即使掌握了制海权，一些敌舰也有可能躲过英国海军的监视控制，对英国的海上贸易实施攻击，所以，也需要考虑如何

---

① May Sinclair Edward, *Principles and Problems of Imperial Defence*, p.228.
② Bryan Ranft, *The Naval Defense of British Sea-borne Trade, 1860-1905*, pp.291, 293.

为海上贸易提供更为直接的保护。①

之后,会议从敌国攻击者可能采取的行动、英国海军应采取的保护政策和商船的配合三个方面对这个问题进行了探讨。

一、关于战时敌国贸易攻击者可能采取的行动

会议首先推测了战时敌方对英国海上贸易可能采取的攻击的类型和规模。

会议认为:战时敌国可能采取的攻击方法有两种。第一种攻击方法是:集结兵力、使用一支巡洋舰舰队对英国海上贸易发动集中攻击。其改进版是使用大型装甲巡洋舰代替更小型军舰组成的舰队,对英国海上贸易发动沉重攻击。第二种攻击方法是:单艘军舰单独行动。第一种攻击方法见效慢且耗费大,但是相对保险。第二种攻击方法则能够以较少的耗费更快地取得效果,但是其有效性令人怀疑。

会议随后推测了战时法、俄等国可能采取的具体攻击方法。其报告称:法国现在已经开始建造大量的大型装甲巡洋舰,并且在最近已经停止建造未装甲的轻型军舰,看起来它最可能会采用第一种方法的改进版。俄国在1878年近东危机和1905年日俄战争中则有这样的表现:在不太可能遭到强大反抗的海域内采取第二种攻击方法,即使用经过适当改装的装备较差的武装商船去攻击贸易商船。但是,在面对实力较为强大的日本海军时,驻海参崴的俄国巡洋舰们则在周边海域采取了第一种攻击方法。因此,可以这样推测:当敌方拥有一支能够控制海洋的强大海军时,法国和俄国应该会选择第一种攻击方法。

会议还评估了不同的敌人将可能给英国海上贸易带来的威胁程度。报告称:法国将是最危险的敌人,因为它已经公开地在为了攻击英国海上贸易而装备军队。如果战争爆发后法国与英国争夺制海权,它应该无暇去大力攻击英国海上贸易;但是,如果法国与俄国结盟,法国则有可能决定将其舰队驻扎在军港内,以此牵制英国的海军力量去监视警惕,并且在任何可能的时机和海域,使用其巡洋舰攻击英国的贸易商船。在日俄战争中,类似的情况已经发生过,虽然当时日本舰队在巡洋舰实力上具有一定的优势,但它必须监

---

① May Sinclair Edward, *Principles and Problems of Imperial Defence*, p. 228.

第四章 20世纪初英国战时海上贸易保护政策的形成

视警戒驻扎在亚瑟港①内的俄国海军，因此没能够阻止驻扎于海参崴的俄国巡洋舰驶出。如果出现这种情况，英国将必须从战争发生之时就要开始保护它的海上贸易。② 此外，虽然此时德国的海军实力迅速崛起，但是会议并未对战时德国将可能给英国海上贸易带来的威胁进行系统探讨。其原因应在于以下三点：一是在海军建设上，德国一直重视建造战列舰，其巡洋舰实力薄弱，而一般是巡洋舰被用于执行贸易攻击任务。二是德国拥有的位于贸易航路附近的基地数量少。三是当时德国整体海军战略的重心指向争夺制海权，而非实施贸易攻击战。

关于战时敌国可能的攻击目标，会议报告指出：在战争中，法国将发现只有四条主要贸易航路上的英国商船值得攻击，即：英国至北美、英国至菲尼斯特雷角、菲尼斯特雷角至南大西洋、经由西班牙和葡萄牙海岸的地中海航路。其中，对于后三条航路，法国能够轻易地发动攻击，并能够使用其在地中海的舰队。此外，报告还指出，法国军舰攻击北大西洋航路的可能性很小，因为如果他们在该海域展开行动，将很容易面临被英国海军切断与本土基地联系的严重危险。③

随后，会议就战时英国海军对海上贸易的具体保护政策展开探讨。

二、关于战时英国海军具体的海上贸易保护政策

会议对曾经提出过的海军对海上贸易的直接保护措施做了归纳和分析。

会议提出：回顾19世纪70年代以来英国对海上贸易直接保护政策的探讨历程，可归纳出三种政策供选择，即：护航、派遣军舰沿航路巡航、在航路沿途特定地点派驻舰队。④

关于护航的可行性，会议综合了前人的观点，系统归纳了护航已经不再适用的原因：第一，现在蒸汽商船在海上面临的危险比风帆时代的帆船要小得多，军舰的随航保护不再必需。在风帆时代，船只航行速度较慢，而且完全受到风向和洋流的摆布，经常会因为天气的缘故被迫在危险海域耽搁较长

---

① 亚瑟港（Port Auther），今大连旅顺口。
② Bryan Ranft, *The Naval Defense of British Sea-borne Trade, 1860-1905*, pp. 283, 285-287.
③ Ibid., p. 286.
④ Arthur J. Marder, *The Anatomy of British Sea Power*, p. 98.

时间。在这种情况下,就需要军舰一直跟随商船提供保护,护航体系则能很好地做到这一点。而现在,一艘蒸汽船能够快速穿过危险海域,能够自己决定这样做的时间,也能够自己选择最安全的航行线路。因此,现在蒸汽商船在海上面临的危险比风帆时代的帆船要小得多,军舰的随航保护也就不再是必需的了。第二,现在护航反而可能会增加商船所面临的攻击危险。实施护航时,大量的商船先要在某一港口集合,由于现在通信的便捷,封锁相关信息不被敌人获知将是几乎不可能做到的事情,所以敌人能够准备好具有优势实力的舰队去攻击护航编队。而且,大规模的蒸汽船队将会产生大量的烟,这就非常明显地暴露出护航编队的位置,从而吸引敌方军舰"就像秃鹫扑向它的猎物"一般从各个方向袭来。第三,从经济效益的角度考虑,如果实施护航,一系列问题如召集大量商船、航行时对速度最慢船只的照顾、航行路线的限制①、大量商船同时进港卸货等,都将导致在时间上的严重耽搁,从而增加成本和开支。而且,大量商船同时到达目的地,大批货物同时涌入市场,也会影响到货物的价格和商人们的收益。第四,从护航的可行性上分析,英国当前的海军力量不足以执行护航任务。现在英国海上贸易商船的数量是如此巨大,就英国当前的海军力量而言,对1%的商船进行护航都是完全不可能做到的事情。而且,即使努力去执行护航任务,也会严重削弱用于执行更为重要的任务的海军力量。

当然,会议也提出:对于运兵船和军事供给船来说,可能经常需要对其进行护航。但是,即使是对这些船只的护航,也应该被局限在危险的确非常严重的海域。②

至于"派遣军舰沿航路巡航"和"在航路沿途特定地点派驻舰队"这两种保护政策,经过探讨,会议决定选择第二种政策。其具体内容是:在航路沿途的特定地点派驻舰队,该舰队将处于驻该海域英国舰队总司令的统帅之下。如果商船遭遇到危险,它可通过其他路过的商船、无线电报等方式将消息传递给最近的舰队,舰队随即采取行动。

---

① 在实施护航时,为尽可能地减少危险,护航编队一般先要尽可能长距离地一起航行,而后再根据不同的目的地分成多个较小编队各自航行,其航行路线的选择便因此受到限制。相关内容可参见本书第一章。

② Arthur J. Marder, *The Anatomy of British Sea Power*, pp. 98-99.

之所以选择这一政策，主要基于以下原因。

第一，从节约的角度上讲，和"派遣军舰沿航路巡航"政策相比，执行这一政策将需要更少数量的军舰，消耗更少量的煤，军舰的锅炉等机械设备的磨损也将降至最低程度。

第二，从执行任务的有效性上讲，这一政策也更具优势。其一，军舰日常驻扎在基地内，可以趁天气良好之时较从容地完成加煤、检修、装备等工作，能够为必要时执行任务做更为充分的准备。其二，军舰日常驻扎在基地内，使得军事力量处于相对集中的状态，当海军将领获知商船受到攻击的消息时，他能够以较快的速度派遣出一支具备足够实力的舰队去处理。其三，由于舰队的驻扎地点是固定的，所以在需要时，执行任务的军舰将知道去哪里能得到支援，受到追捕的商船也将知道去哪里能寻求保护，并能将敌方军舰引向英国舰队驻地。

第三，执行这一政策，还有利于整合情报信息，提高商船航行的安全性。舰队驻地将会设置在贸易航路沿途最为合适的地点，将会有许多商船途径那里（比军舰们来回巡航能见到的商船要多得多），它们将带来许多情报信息。因而，舰队驻地还能够成为一个有用的情报中心，经过对所收集情报的整理分析，舰队驻地能够向商船提供关于最安全航行路线的指示。

随后，会议就该政策的具体执行展开探讨。

对于舰队驻扎地的详细选址和应驻扎军舰的具体数量，会议并没有制订出详细的方案。因为考虑到具体的安排在很大程度上将必须依据战争爆发后的具体情况而定，所以最好由届时负责海上贸易保护的海军将领来决定。[①]

但是，会议仍就政策的执行提出了一些指导性的意见。

第一，关于战时防护的重点海域，会议报告指出：考虑到各条贸易航路的价值、敌国海军力量的分布及敌国战时可用的加煤站，敌国海军只有在英国本土周边海域发动攻击才可能对战局产生决定性的影响。[②] 其中，在一场与法国的战争中，地中海将是一个比较难处理、需要重点防护的海域，这是因为：一则战时在此海域，英国与法国在装甲巡洋舰上的实力比可能为 9∶7，

---

① Arthur J. Marder, *The Anatomy of British Sea Power*, p. 100.
② May Sinclair Edward, *Principles and Problems of Imperial Defence*, p. 228.

低于英国在北部海域所拥有的相对优势。再则在北部海域，英国只需防御一条航路，而在地中海海域，英国则需防御三条航路。此外，在战时，此海域的舰队司令还应努力阻止敌方巡洋舰通过直布罗陀海峡。当然，敌国也可能在远洋对英国贸易商船发动攻击，但是由于在远洋航路上英国贸易商船的数量稀少，其攻击行动将不会产生具有决定性意义的后果。这些贸易攻击者们可由英国海外基地的军舰去对付，需要时，本土可派遣大型巡洋舰或武装商船前去支援。[1]

第二，关于政策的具体执行者，会议提出：通过日俄战争中日本保护海上贸易的经验可知，组建一个独立的指挥部门去处理这一问题是必需的。考虑到海上贸易对于英国的特殊重要性，英国甚至应该采取更妥善的措施，即在和平时期就应为此预留出适当的军事力量并将其置于独立的指挥之下。此外，"在专为这个职责而拨出资金、建造军舰时，应在军舰上做出记号，表明它们就是专为这个职责而建的"。报告还提出：战争爆发后，可派遣第四巡洋舰舰队去保护英国的海上贸易，并给舰队增派八艘大型巡洋舰以加强其实力。第四巡洋舰舰队司令届时将负责战时海上贸易保护的所有安排。当然，第四巡洋舰舰队的负责范围应只限在本土海域，如前所述，在远洋的英国商船的安全被建议由英国驻当地舰队的司令们负责。[2]

第三，关于执行该政策的时机，与会者普遍认为：战争爆发后，为配合整体战略的需要、集中力量争夺制海权，且为了减少消耗，负责该任务的舰队应该驻守在贝雷海文港、皇后镇[3]和普利茅斯，直到敌人显露出明显的贸易攻击意图之后，才应开始部署对海上贸易的直接保护。正如报告中所说："在确定被需要之前，我们不应该在海上贸易保护方面挥霍海军力量。"[4]

第四，关于舰队驻扎地的选址，会议虽未制定出详细具体的选址地，但是提出：圣文森特角和佛得角等地将可能是最重要的舰队驻扎地，因为有多条贸易航路交会于此，来自北美、南大西洋和地中海、皇后镇、法尔茅斯[5]等

---

[1] Bryan Ranft, *The Naval Defense of British Sea-borne Trade*, 1860-1905, pp. 286-288.
[2] Ibid., pp. 288, 295.
[3] 皇后镇（Queenstown），新西兰西南部港市。
[4] Bryan Ranft, *The Naval Defense of British Sea-borne Trade*, 1860-1905, p. 292.
[5] 法尔茅斯（Falmouth），英国西南部港市。

第四章 20世纪初英国战时海上贸易保护政策的形成

地的商船都途经这里。①

第五，关于战时的通信，会议提出：为确保通信的畅通，还应在航路沿线部署一些装有无线电报发报设备的船只，形成一条通信链。借此情报消息将能够很快地被传递，海军将领将能够及时获知航线上的最新情况，并能够在需要时立即采取行动。而且，如果执行任务的舰队需要配合与支援，也能够及时地与其他舰队取得联系。②

随后，会议还对战时商船的行为做了严格的要求。

三、对战时商船行为的要求
——关于"战时航线"的规定

除了确定战时海军应执行的海上贸易保护政策外，会议还首次对商船在战时的行动做出了规范，要求它们配合海军的行动。会议认为：在战时，驶向和驶离英国本土的商船应该集中在几条宽约100英里或150英里的固定线路上行驶。划定这条线路的原则应是尽可能远离来自法国军舰的威胁，且尽可能靠近英国舰队驻扎地，这就是所谓的"战时航线"。在战时，商船必须要沿着"战时航线"行驶，这是决定海上贸易保护政策能否被有效执行的最重要因素。

会议提出，这种安排的优点在于：如果发生对英国商船的攻击，那么可以清楚地知道是在那条线路上发生的，英国舰队可以据此去搜寻并消灭攻击者，还可向其他商船发出警告。反之，如果商船像以前那样分散在广阔的海面上，则是不可能做到这些的。而且，在一个海域中，可以划定多条战时航线，这样能够减少敌人发现商船的机率；即使敌人发现了一艘商船或者一支船队，也不能因此得到有关其他商船踪迹的线索。③

在会上，还有官员提出了这样的担忧：如果敌人获知了战时航线的位置，他们就能知道在哪里能发现"猎物"。海军情报处官员对此辩论道：即使英国

---

① Arthur J. Marder, *The Anatomy of British Sea Power*, p. 100.
② Ibid., p. 100.
③ Ibid., p. 101.

商船在战时仍遵循和平时期的航路，经过详细调研，敌人也会对这些航路的走向有充分的了解，也会知道在哪里能发现"猎物"。战时使用战时航线，将能在很大程度上简化保护海上贸易的问题，因为它能准确地告诉己方在哪里能够发现敌人。①

随后，会议提出了划定战时航线的一些基本原则。第一，战时航线应尽可能远离来自敌国军舰的威胁、且尽可能靠近英国舰队的驻扎地。第二，在划定战时航线时，应考虑到敌方军舰的有效航行距离。会议指出，因为现在军舰上煤仓的容量有限，如果要满足这个条件，在遭遇优势敌军时能够全速撤退至港口内，那么一艘巡洋舰能够驶离港口的距离或者说它的有效行动范围是被严重限制的。在划定战时航线时可以参考敌舰的有效活动范围，尽量远离敌舰的威胁。以当时法国的巡洋舰为例，受船舰煤仓容量的限制，当时法国巡洋舰的有效航行范围一般是 1200 英里，由于它们向南大西洋航行时可先到达喀尔②加煤，所以它们在南大西洋的最大活动范围便是达喀尔以南 1200 英里。第三，战时航线应尽量远离海岸。一是因为如靠近海岸，敌舰将能更容易地侦察到商船的行动。二是现在英国商船上一般没有装载近海岸海域的航图，船员们也普遍缺乏在近海岸海域航行的经验，这可能会导致巨大的损失。③

对于战争航路的具体规划，会议谨慎地提出：这应在实际的战争环境中被决定。④ 但会议仍就几个重要海域中战时航线的划定提出了一些建议，例如，在地中海，会议提出：地中海的东部海域是比较安全的，商船不需要担心受到攻击，因此它们最好沿着常规航线航行。在地中海的西部海域，如果英法战争爆发，在此海域航行的英国商船将受到驻扎在科西嘉⑤等基地的法国舰队的严重威胁。因此，这一海域的战时航线（主要是在马耳他和直布罗陀之间）应该尽量规避这些危险，尽可能多地取道中立海域。再如，会议认为，在大西洋海域，长期以来已经形成了较为固定的商船往来航线，这些航线的

---

① Bryan Ranft, *The Naval Defense of British Sea-borne Trade*, 1860-1905, pp.286-287.
② 达喀尔（Dakar），今塞内加尔共和国首都，位于非洲西部、大西洋东岸的佛得角半岛。
③ May Sinclair Edward, *Principles and Problems of Imperial Defence*, p.221.
④ Bryan Ranft, *The Naval Defense of British Sea-borne Trade*, 1860-1905, p.294.
⑤ 科西嘉岛（Corsica），法国东南部岛屿，南隔博尼法乔海峡与意大利撒丁岛相望。

第四章　20世纪初英国战时海上贸易保护政策的形成

走向远离敌国基地,其安全性已经得到船东们的一致认同。而且,这些航线靠近贝雷海文港等英国海军的驻地,方便海军在战时执行对海上贸易的保护行动。因此,在战时,没有必要再重新划定航线,原有航线即可作为战时航线使用;但是,如果情况需要,平常取道爱尔兰以南海域的所有商船可以改道爱尔兰以北。①

会议还提出,如果某一海域战时航线上行驶的商船数量巨大(例如从直布罗陀海峡到英国本土之间的海域),为了能使敌方军舰更难发现它们,一定数量的商船应自愿组合成一个船队结伴航行。会议报告对此这样解释道:"如果16艘商船每隔一段时间依次离开直布罗陀海峡驶往英国本土,其速度都是10节,那么在海上,它们将组成间隔约15英里的一连串船只。在这种情况下,在白天,敌方军舰在该海域航行时将很容易发现某艘商船的踪迹。反之,如果这16艘商船一起离开直布罗陀,并结伴航行,和发现某一艘商船的概率相比,敌方军舰发现这一个船队的概率将会小得多。"

会议提出,如果商船船队被敌方军舰发现并追捕,船队中的商船应朝不同的方向分散逃走,这样敌方军舰将只能选择其中一艘去追捕。遭到追捕的商船应尽可能地拖延被追踪的时间,同时,其他商船要尽快朝相反方向逃走,这样,在敌方军舰追赶上它的"猎物"之前,总会有商船能够安全逃出。逃脱后的商船要在第一时间里向英国舰队汇报最后看到敌方军舰的位置和时间。如果无法即时汇报,他们要尽快行驶至最近的中立港或信号站,向英方舰队发报。②

会议记录最后提出:这项政策的执行依赖于商船船长们被清楚地命令和告知,所以,在战时,海军部应将对商船的这些要求和战争航路的具体走向编辑成册,分发给英国所有的商船船东并强令执行。③

海军部的会议明确了一项较为全面系统的战时海上贸易保护政策。会议

---

① 会议认为:在与法国的战争中,取道爱尔兰以北海域的商船将不会受到严重的攻击威胁,这是因为:第一,此处与法国海军基地之间的距离较远,而且,法国巡洋舰在更方便到达的海域里将能发现更多的英国商船。第二,即使法国派遣军舰到遥远的北方去攻击英国的海上贸易,英国也能轻易地派出实力更强大的舰队去追踪和攻击它们。(Arthur J. Marder, *The Anatomy of British Sea Power*, p. 102.)

② Arthur J. Marder, *The Anatomy of British Sea Power*, pp. 101-102.

③ Bryan Ranft, *The Naval Defense of British Sea-borne Trade, 1860-1905*, p. 295.

结束后,在1906年的海军大演习中,这一政策成为演习的一项主要内容。

在这次演习中,假设的战争局势是与法、俄、德之间任何可能的联盟发生的战争,且俄国在远东海域的任何行动都能由驻该海域的英国舰队负责对付。因此,英国主要的军事力量被集中在本土周边海域。在演习中,"我方舰队"的第一项任务是监视警戒"敌方海军",尽可能地将其带入舰队战斗。第二项任务是"在比斯开湾[①]、北海海域和前往英国的各条航路上俘获或摧毁任何'敌方'巡洋舰以及其他任何有可能对'我方'海上贸易产生威胁的船只"。其余两项任务是保护英国本土免遭侵略以及在任何海岸在敌人可能采取的行动中协助陆军。最后一项任务是向运煤船、军需船和运兵船提供足够的保护,直到它们脱离危险水域。

在这次演习中,费舍尔充分发挥他的影响力,说服商船船东们配合演习,同意其船只接受海军的控制,并遵循"规定航线"从英国航行到直布罗陀和南大西洋。"敌方舰队"将会去攻击和捕获它们。为配合演习,商船将被耽误大约24小时的时间,海军部将为此向他们支付合理的滞留费。[②]

演习结束后,海军部得出这样的结论:1905年4月已经制定的战时海上贸易保护政策不需要进行任何的修改。这项政策便成为一战初期英国就相关问题展开军事部署的依据。[③]

第四节 英国海上贸易保护的辅助措施(经济和法律方面)

除了军事方面的海上贸易保护政策外,在20世纪初,英国政府还试图通过经济和法律手段为战时保护英国海上贸易提供辅助。

一、国家保险金方案

前文中曾提到,在19世纪末至20世纪初,英国国内"饥饿理论"盛行。

---

① 比斯开湾(Bay of Biscay),北大西洋东北部海湾,东临法国,南靠西班牙。
② Bryan Ranft, *The Naval Defense of British Sea-borne Trade, 1860-1905*, pp. 296-298.
③ Victoria Carolan, *WW1 at Sea*, Harpenden, Herts: Pocket Essentials, 2007, p. 38.

第四章 20世纪初英国战时海上贸易保护政策的形成

在这个背景下,1903年年初,在多方的呼吁下,食品原材料供给委员会被组建,其职责是就战时食品等物资的供给问题展开调查并督促政府开展相关工作。委员会成员包括40位海军将领、30位上议院议员、50位下议院议员、各个阶层的代表,此外还有重要劳工组织中的上层人员等。

委员会认为:对战时英国的海上贸易和国内供给造成威胁的除了敌国的军舰外,还有本国船东和商人们的胆怯,他们有可能不敢出航或者将商船转卖给中立国,从而造成英国海上贸易的重大损失和国内供给的严重危机。而且,战争的爆发还必将大幅提升出海商船所需要缴纳的保险费,这也将严重抑制英国船东的出海愿望。[①]

因此,为了鼓励英国船东和商人们在战时坚持进行贸易,委员会报告提出战时国家保险金的方案,并提出了三种形式的国家保险金以供参考:一是由政府代替船东和商人向保险商支付战争风险的保险费。二是由政府充当保险商,承接船东和商人们的战争风险保险业务,并只收取"非常适度(无利润)"的保险费。三是政府全额或部分地赔偿船东和商人们因为在战时受到敌舰攻击而致的损失。报告提出:这三种形式的保险金的目的是一致的,即:为了减缓或消除因高额战争保险费而导致的国内日用品价格上涨,并阻止英国的商船船东们在战时停止出航或将船只卖给中立国。战时实施国家保险金方案,既能"对战时国内物价的稳定施加一个重要的影响",也是"对英国船东的事业和冒险精神的激励"。但是,由于财政部的反对,该方案暂被搁置。

在1907年,一个委员会又对此方案进行了调查,提出应放弃这个方案,其报告称:"一个强大的海军可以为海上贸易提供足够的保护,不应再为此提供任何形式的国家担保。"[②]

1913年,经过第一海军大臣路易斯·蒙巴顿(Louis Alexander Mountbatten, Prince of Battenberg, 1854-1921;1912年12月至1914年10月在任)的努力,国家保险金的方案又被提出。经过一番调研,1914年4月30日,该方案最终被确定执行,此时,距第一次世界大战爆发还有三个月左右的时间。

国家保险金方案的执行,取得了非常好的效果。战争爆发后,英国在这

---

① May Sinclair Edward, *Principles and Problems of Imperial Defence*, p. 221.
② Arthur J. Marder, *The Anatomy of British Sea Power*, pp. 93-94.

方面采取了迅捷的行动,政府从保险商那里收取船东所缴纳保险费的80%作为分保费,为所有因战争危险而致的损失进行80%的再保险①,稳定了商业海运的保险费率,促进了战时英国海上贸易往来的继续流通。② 曾有人这样评价这一方案的重要意义:若不是采用了这一方案,英国的海上贸易可能在1914年8月时就已经停止存在了,这势必将导致英国民众的恐慌和严重的饥荒。③

二、法律方面的辅助措施

在20世纪初,英国积极致力于相关国际条约的签署,以期从法律角度为战时保护海上贸易安全提供有利条件。

在这里,首先简要介绍一下海战法的概念和发展历程。

海战法(Law of Naval Warfare),又称"海上武装冲突法",是以条约和习惯法的形式调整海战期间交战国之间、交战国与非交战国之间关系,规范交战行为的原则、规则和制度的总称。它是区分合法与非法海战手段和海战方法的标准,维护受保护人员和舰船权益的法律武器,也是确定惩治海战犯罪的依据。④

海战法最早是以习惯法的形式出现的。19世纪中叶,海战法开始由习惯法编纂为成文法。第一个关于海战法的条约,是1856年4月16日签订的《巴黎会议关于海上若干原则的宣言》,即《巴黎海战宣言》。⑤

之后,海战法规的形成和发展经历了三个阶段:第一个阶段是1856—1914年,是海战法的形成时期。这一时期形成的海战法统称为传统海战法规,其对以后制定新的海战法发挥了重要作用。第二个阶段是1914—1945年,这一时期除了对传统海战法规进行补充修改之外,还制定了一些专门的公约。

---

① 再保险(Reinsurance)也称分保,是保险人在原保险合同的基础上,通过签订分保合同,将其所承保的部分风险和责任向其他保险人进行保险的行为。在再保险交易中,分出业务的公司称为原保险人(Original Insurer)或分出公司(Ceding Company),接受业务的公司称为再保险人(Reinsurer)或分保接受人、分入公司(Ceded Company)。再保险转嫁风险责任支付的保费叫作分保费或再保险费。

② Victoria Carolan, *WW1 at Sea*, p. 37.

③ Arthur J. Marder, *The Anatomy of British Sea Power*, p. 94.

④ 军事科学院作战理论和条令研究部编:《中国军事百科全书》(战争法分册),北京:中国大百科全书出版社,2007年,第126页。

⑤ 同上,第126页。

第三个阶段是第二次世界大战结束以后,这是海战法趋于成熟的时期,其特点是海战法与国际人道法的融合。①

根据本书探讨的重心,这里将具体介绍一下英国在一战前签署的海战法中涉及海上贸易保护问题的相关内容。

1856年4月16日,英国、奥地利、法国、普鲁士、俄国、撒丁王国、土耳其签署了《巴黎会议关于海上若干原则的宣言》,其相关内容在前文中已有涉及,具体来讲包括:1.从此以后永远取缔私掠船制。2.中立国旗帜掩护敌方货物,战时违禁品除外。3.在敌国旗帜下的中立国货物不受拿捕,战时违禁品除外。②

之后直到1914年,涉及此问题的海战法主要体现在1907年海牙和平会议上所通过的一系列关于海战的公约中,也因为此,笔者将这部分内容放在本章进行探讨。

例如,1907年10月18日,英、法、德、奥、俄等41国签署了《海牙第六公约》,又称《关于战争开始时敌国商船地位公约》,以期"保证国际商业的安全,防止其受到战争的突然打击,尽量保护战争开始以前善意进行和正在执行中的商业活动"。公约中的主要相关条款如下:第一条,在敌对行动开始时停泊于敌国港口的交战国的商船,应准其立即或在合理的宽容限期自由离去,并随带通行证直接开往其目的地港口或所指定的任何其他港口。本规定也适用于在战争开始以前已经离开最后出发港,并在不知道战争已开始的情况下进入敌国港口的商船;第二条,商船由于不可抗力的情况未能在前条所指的限期内离开敌国港口,或未能获得驶离许可时,不得予以没收。交战国只能在战后归还的条件下无偿扣留商船,或者有偿征用之;第三条,对在海上相遇的在战争开始前就已离开最后出发港并对战事毫无所知的敌国商船,不得予以没收。它们只能在战后予以归还的谅解下才能无偿地予以扣留,或在给予补偿的前提下予以征用或击毁。在后述情况下必须对船上人员的安全和船舶文件的保护做出安排;第四条,第一条和第二条所指船上的敌国货物

---

① 军事科学院作战理论和条令研究部编:《中国军事百科全书》(战争法分册),第126—127页。
② 王铁崖、朱荔荪、田如萱等编:《战争法文献集》,第1—2页。

同样可连同船舶一起或单独地予以扣留并在战后无偿归还，或予以有偿征用。第三条所指船上的货物同样适用于本规定；等等。①

再如，1907年10月18日，英、法、德、日、意、奥等37国签署了《海牙第八公约》，又称《关于敷设自动触发水雷公约》，以期"即使在存在战争的情况下也尽可能使和平航行仍能获得应有的安全"。公约第二条规定："禁止以截断商业航运为唯一目的而在敌国海岸和港口敷设自动触发雷。"第三条则规定："在使用有锚的自动触发水雷时，应对和平航运的安全采取一切可能的预防措施。交战国保证竭尽一切务使此种水雷在一定时间内成为无害。如果水雷已不能察见，则一俟军事情况许可时，则将危险区域通知各船主并通过外交途径通知各国政府。"②

又如，1907年10月18日，英、德、法、奥等40国签署了《海牙第十一公约》，又称《关于海战中限制行驶捕获权公约》，以期"从共同的利益出发放弃或协调某些有分歧的旧惯例，着手编纂关于和平贸易和正当商业所应获得的保障及海上敌对行为准则的普遍适用的规则"等。公约的第三条规定："专为在沿岸捕鱼的船只或从事地方商业活动之用的小船，包括其用具、绳索、船具和货物在内均免受拿捕。"第五条规定："当敌国商船被交战一方捕获时，船员中属于中立国国民者不能作为战俘。属于中立国国民的船长和高级船员如书面正式保证不在战争持续期间在敌国船舶上服务，也同样不能作为战俘。"第六条规定："属于敌国国民的船长、高级船员和船员如做出正式书面保证，不在战争持续期间进行任何与作战有关的服务时，不能作为战俘。"③

还如，1907年10月18日，英、法、德、意、奥等39国签署了《海牙第十三公约》，又称《关于中立国在海战中的权利和义务公约》。公约第一条规定："交战国必须尊重中立国的主权，并避免在中立国领土或领水内，从事任何可能构成违反中立的行为，如果任何国家有意允许这些行为的话。"第二条规定："交战国军舰在中立国领水内的任何敌对行为，包括捕获和行驶搜索权

---

① 王铁崖、朱荔荪、田如萱等编：《战争法文献集》，第64—66页。
② 同上，第71—72、74页。
③ 同上，第86—87、89页。

第四章　20世纪初英国战时海上贸易保护政策的形成

在内，均属侵犯中立，应严加禁止。"第三条规定："凡遇船只在中立国领水内被捕获，如被捕获的船只仍在该国管辖的范围内，该中立国应使用它所掌握的一切手段使该船连同全体职员和船员一并释放，并拘留捕获者派在船上的人员。如被捕获的船只不在中立国管辖范围内，则捕获国政府经中立国的要求，应将捕获的船只连同船上职员和船只予以释放。"① 联系英国海军部会议在探讨战时航线的划定时曾提出的"尽可能多地取道中立海域"，便可理解该公约的这些规定应是顺乎英国人的心意的。

此外，在1908年12月4日，英国出面召集各国在伦敦举行海军会议，其目的在于根据《海牙第十三公约》第七条，制定普遍公认的关于建立国际捕获法庭的国家法原则。会议最后达成的议定书对战时的捕获行为和捕获法庭的权限做了种种规定，其中有些内容是有利于英国的。例如，在"战时禁运品"一章中，议定书规定一些物品不得宣布为战时禁运品，其中就包括英国严重依赖于进口的原棉、羊毛、大麻、黄麻、亚麻②等纺织业原料。③

鉴于英国海上贸易的庞大及其于英国的特殊重要性，相比较其他国家，英国从这些倾向于保护商业海运的公约条款中应能获得更多的好处。

在未对此后海上贸易攻防作战有一个全面具体的探讨的情况下，笔者不好对这些公约在战时的实际约束能力做出评价。但是，有一点可以确定，鉴于公约内容上的局限性和战时实际落实程度的不确定性，英国不能也不会在战时将保全自己庞大而至关重要的海上贸易的希望完全寄托于海战法。正如第一海军大臣费舍尔所说："试图通过国际协议来使战争规则化的努力将是徒劳无益的。"④ 因此，至少在这一时期，海战法还只能是英国海军对海上贸易保护的辅助手段。

综上所述，在20世纪初，英国形成了一项较为全面系统的海上贸易保护政策，其要点如下：第一，首要战略目标是争夺制海权，这是保护海上贸易安全的前提。第二，在敌人表露出明显的贸易攻击意图后，在规定航线沿途特定地点派驻舰队保护贸易，并要求商船的配合。此外，该政策还

---

① 王铁崖、朱荔荪、田如萱等编：《战争法文献集》，第103、107—108页。
② 详情可参见本书第二章第一节。
③ 王铁崖、朱荔荪、田如萱等编：《战争法文献集》，第116页。
④ Bryan Ranft, *The Naval Defense of British Sea-borne Trade, 1860-1905*, p. 292.

近代英国海上贸易保护政策的演变（17世纪中叶至20世纪初）

体现出从单纯依靠海军向以海军为主、多方配合的更为全面的政策发展的趋向。

  但是，这一政策在一战中并未体现出很好的有效性，德国在一战期间开始使用潜水艇作为攻击协约国海上贸易的有力武器，使得海上贸易攻防战的特点又发生巨大变化。经过一番阵痛和探讨，英国又对其海上贸易保护政策进行了适时性的调整，在1917年5月重新开始了对商船的护航。[1] 英国海上贸易保护政策在顺应实际情况发展变化上的及时调整跟进，大大减少了敌国潜水艇给本国海上贸易带来的危险和损失，在确保战争期间英国海上贸易的畅通与满足国内民用和军事供给的需求方面发挥了重要的作用。

---

[1] Georgia A. Mann, *John Buchan (1875-1940) and the First World War: A Scot's Career in Imperial Britain* (Ph. D. Dissertation), Denton: University of North Texas, 1999, p. 187.

结束语

纵观17世纪中期至20世纪初英国海上贸易保护政策的演变历程，可以发现，经济的发展和技术的变革在政策的调整中起到了非常重要的推动作用。

在17世纪中期，商品经济的发展和资本积累的需要，推动了英国对外贸易的扩张及其重要性的提高，促使英国开始正式动用国家军事力量对贸易商船进行护航。而在19世纪中期以后，随着经济的发展和经济结构的调整，帝国主义国家在全球范围内争夺和瓜分殖民地、抢占原料和商品销售市场，它们之间矛盾尖锐，危机频发。由于此时海上贸易于英国的重要性日益提高，法俄等国意图在战时对英国开展贸易攻击战的迹象愈加明显，英国当局开始寻求更为有效的海上贸易保护政策。而从本书的探讨中可以明显看出，19世纪后期英国海上贸易保护政策的调整，是英国面对敌国明显的贸易攻击战意图，为应对工业革命深入开展所带来的诸如技术革命等一系列新情况而做出的。工业革命所带来的技术革命的重大影响，由此可见一斑。

英国相关政策的调整，对其时英国的海军演习、海军建设等都产生了重大影响，并进而间接影响到当时英法德等国间的海军军备竞赛及各国海军的战略部署。

参考文献

一、史料

(一) 文献汇编

Arthur F. Kinney, *Elizabethan Backgrounds: Historical Documents of the Age of Elizabeth I*, Hamden, Conn., Archon Books, 1975.

Frederick Madden and David Fieldhouse, *Documents in Imperial History: Select Documents on the Constitutional History of the British Empire and Commonwealth*, Westport, Conn.: Greenwood Press, 1985.

G. P. Gooch and H. Temperley, *British Documents on the Origins of the War 1898-1914*, London: Majesty's Stationary Office, 1926.

Hansard, 1803-2005, http://hansard.millbanksystems.com/.

John Beeler, eds., *The Milne Papers: The Papers of Admiral of the Fleet Sir Alexander Milne, Bt., K. C. B. (1806-1896)*, Aldershot, Hants, England; Burlington. VT: Ashgate, 2004.

J. H. Wiener, *Great British: The Lion at Home: A Documentary History of Domestic Policy, 1689-1973*, New York: Chelsea House Publishers, 1974.

Matthew S. Seligmann, *Naval Intelligence from Germany: The Reports of the British Naval Attachés in Berlin, 1906-1914*, Aldershot, Hants; Burlington, VT: Ashgate, 2007.

Paul Preston and Michael Partridge, eds., *British Documents on Foreign*

Affairs: *Reports and Papers from the Foreign Office Confidential Print*, Piers Ludlow, 2005.

"The Report of the Royal Commission on Supply of Food and Raw Material in Time of War," *The Economic Journal*, Vol. 15, No. 60 (Dec., 1905).

W. D. Handcock, *English Historical Documents*, London: Eyre & Spottiswoode, 1977.

(二) 传记和回忆录

Andrew Lambert, *The Foundations of Naval History: John Knox Laughton, the Royal Navy and the Historical Profession*, London: Chatham Pub., 1998.

Arthur James Balfour, *The Navy and the War: August, 1914 to August, 1915*, London, Darling and Son., Limited, 1915.

A. J. Balfour, *Imperial Defence: A Speech Delivered in the House of Commons, May 11, 1905*, London, New York: Longmans, 1905.

A. T. Mahan, *The Life of Nelson*, New York, N. Y.: Haskell House Pub. Ltd., 1969.

Charles William Beresford, *The Memoirs of Admiral Lord Charles Beresford*, vol. 2, London: Methuen, 1914.

Teonge Henry, *The Diary of Henry Teonge: Chaplain on Board H. M.'s Ships Assistance, Bristol, and Royal Oak, 1675-1679*, London: G. Routledge, 1927.

二、专著

Andrew Lambert, *Naval History 1850-Present*, Aldershot, England; Burlington, VT: Ashgate, 2007.

Andrew S. Thompson. *Imperial Britain: The Empire in British Politics, 1880-1932*, Harlow, Essex, England; New York: Longman, 2000.

Antony Preston and John Major, *Send a Gunboat: A Study of the Gunboat and Its Role in British Policy, 1854-1904*, London: Longman, 1967.

Arne Roksund, *The Jeune École: The Strategy of the Weak*, Leiden; Boston: Brill, 2007.

Arthur J. Marder, *The Anatomy of British Sea Power: A History of British Naval Policy in the Pre-dreadnought Era, 1880–1905*, London: Frank Cass, 1964.

Arthur J. Marder, *From the Dreadnought to Scapa Flow: The Royal Navy in the Fisher Era, 1904–1919*, London: Oxford University Press, 1961.

Ashley Jackson, *Distant Drums: The Role of Colonies in British Imperial Warfare*, Brighton; Portland, OR: Sussex Academic Press, 2010.

A. A. Hohling, *The Great War at Sea: A History of Naval Action, 1914–18*, New York: Crowell, 1965.

A. C. Hardy, *Seaways and Sea Trade: Being a Maritime Geography of Routes, Ports, Rivers, Canals and Cargoes*, London: G. Routledge & Sons, Ltd., 1927.

A. G. Boycott, *The Elements of Imperial Defence: A Study of the Geographical Features, Material Resources, Communications and Organization of the British Empire*, Aldershot, London: Gale & Polden, Ltd., 1936.

A. L. Rowse, *The Expansion of Elizabethan England*, London: Macmillan & Co., 1955.

Bryan Ranft, *Technical Change and British Naval Policy, 1860–1939*, London: Hodder and Stoughton, 1977.

B. B. Schofield, *British Sea Power: Naval Policy in the Twentieth Century*, London: Batsford, 1967.

B. R. Burg, *Boys at Sea, Sodomy Indecency and Courts Martial in Nelson's Navy*, Basingstoke and New York: Palgrave Macmillan, 2007.

B. R. Coward, *Battleships and Battlecruisers of the Royal Navy since 1861*, London: Ian Allan Ltd., 1986.

B. R. Mitchell, *Abstract of British Historical Statistics*, Cambridge: Cambridge Univ. Pr., 1962.

Catherine Betty Abigail, *Merchant Shipping and the Demands of War*,

London: Her Mejesty's Stationery Office and Longman, Green and Co. , 1955.

C. F. Cruttwell, *The Role of British Strategy in the Great War*, Cambridge: The University Press, 1936.

C. J. Bartlett, *Great Britain and Sea Power, 1815–1853*, Oxford: Clarendon Press, 1963.

Daniel R. Headrick, *The Tools of Empire: Technology and European Imperialism in the Nineteenth Century*, New York: Oxford University Press, 1981.

David B. Quinn and A. N. Ryan, *England's Sea Empire, 1550–1642*, London; Boston: G. Allen & Unwin, 1983.

David Evans, *Building the Steam Navy: Dockyards, Technology and the Creation of the Victorian Battle Fleet, 1830–1906*, London: Conway Maritime; Annapolis, MD: Naval Institute Press, 2004.

David J. Starkey and Alan G. Jamieson, *Exploiting the Sea: Aspects of Britain's Maritime Economy since 1870*, Exeter, UK: University of Exeter Press, 1998.

David Killingray, Margarette Lincoln and Nigel Rigby, *Maritime Empires: British Imperial Maritime Trade in the Nineteenth Century*, Woodbridge: The Boydell Press, 2004.

Desmond Wettern, *The Decline of British Seapower*, London: Jane's, 1982.

Donald Mackenzie Schurman, *Imperial Defence, 1868–1887*, London; Portland, OR: Frank Cass, 2000.

Donald W. Mitchell, *A History of Russian and Soviet Sea Power*, London: A. Deutsch, 1974.

D. M. Schurman, *The Education of a Navy: The Development of British Naval Strategic Thought, 1867–1914*, London: Cassell, 1965.

Edgar Sanderson, *History of England and the British Empire: A Record of Constitutional, Naval, Military, Political and Literary Events from B. C. 55 to A. D. 1890*, London: F. Warne and Co. , 1893.

Edward S. May, *Principles and Problems of Imperial Defence*, London; New

York: S. Sonnenschein & Co. , Ltd. , E. P. Dutton & Co. , 1903.

Eric A. Walker, *The Cambridge History of the British Empire*, Cambridge: Cambridge University Press, 1963.

Eric J. Grove, *The Defeat of the Enemy Attack upon Shipping, 1939–1945*, Aldershot, Hant; Brookfield, VT: Ashgate for the Navy Records Society, 1998.

Eric J. Grove, *The Royal Navy since 1815: A New Short History*, New York: Palgrave Macmillan, 2005.

Eugene L. Rasor, *British Naval History since 1815: A Guide to the Literature*, New York: Garland Pub. , 1990.

Francois Crouzet, *The Victorian Economy*, London: Routledge, 2006.

Frederick Maurice, *Lessons of Allied Co-operation: Naval, Military and Air, 1914–1918*, London; New York [etc.]: Oxford University Press, 1942.

F. A. Johnson, *Defence by Committee: The British Committee of Imperial Defence, 1885–1959*, London: Oxford University Press, 1960.

Geoffrey Callender, *The Naval Side of British History, 1485–1945*, London: Christophers, 1952.

Geoffrey Till, *The Development of British Naval Thinking: Essays in Memory of Bryan McLaren Ranft*, London: Routledge, 2006.

Geoffrey Wawro, *Warfare and Society in Europe, 1792–1914*, London and New York: Routledge, 2000.

George Moderski and William R. Thompson, *Seapower in Global Politics, 1894–1993*, Seattle: University of Washington Press, 1988.

Gerald S. Graham, *The Politics of Naval Supremacy: Studies in British Maritime Ascendancy*, Cambridge: The University Press, 1965.

Henry Rowan-Robinson, *Imperial Defence: A Problem in Four Dimensions*, London: F. Muller Ltd. , 1938.

H. A. Smith, *The Law and Custom of the Sea*, London: Stevens and Sons, Ltd. , 1959.

H. W. Dickinson, *Educating the Royal Navy: Eighteenth and Nineteenth

Century Education for Officers, London; New York: Routledge, 2007.

H. W. Richmond, *The Navy as an Instrument of Policy, 1558-1727*, New York: Cambridge University Press, 1953.

Jack Greene and Alessandro Massignani, *Ironclads at War: The Origin and Development of the Armored Warship, 1854-1891*, Pennsylvania: Combined Publishing, 1998.

James M. McPherson, *Battle Cry of Freedom: The Civil War Era*, New York: Oxford University Press, 1988.

Jeremy Black, *The British Seaborne Empire*, New Haven: Yale University Press, 2004.

John Beeler, eds., *The Milne Papers: The Papers of Admiral of the Fleet Sir Alexander Milne, Bt., K. C. B. (1806-1896)*, Aldershot, Hants, England; Burlington, VT: Ashgate, 2004.

John D. Grainger, *The Maritime Blockade of Germany in the Great War: The Northern Patrol, 1914-1918*, Aldershot, Hants, England; Burlington, VT: Ashgate, 2003.

John F. Beeler, *British Naval Policy in the Gladstone-Disraeli Era, 1866-1880*, Stanford: Stanford University Press, 1997.

John McCarthy, *Australia and Imperial Defence, 1918-39: A Study in Air and Sea Power*, St. Lucia, Q.: University of Queensland Press, 1976.

John Winton, *Convoy: The Defence of Sea Trade, 1890-1990*, London: M. Joseph, 1983.

Jon Tetsuro Sumida, *In Defence of Naval Supremacy: Finance, Technology and British Naval Policy, 1889-1914*, Boston: Unwin Hyman, 1989.

J. Errington, *Navies and Global Defense: Theories and Strategy*, Westport: Praeger Publishers, 1995.

J. Holland Rose, E. A. Benians and A. P. Newton, eds., *The Cambridge History of the British Empire*, Vol. 3, New York: The Macmillan Company; Cambridge, Eng.: The University Press, 1959.

Kennedy Greg, *Imperial Defence*: *The Old World Order*, *1856-1956*, London and New York: Routledge, 2008.

Kenneth R. Andrews, *Elizabethan Privateering*: *English Privateering During the Spanish War*, *1585-1603*, Cambridge: Cambridge University Press, 1964.

Lawrence Sondhaus, *Naval Warfare*, *1815-1914*, London; New York: Routledge, 2001.

Lawrence Sondhaus, *Navies of Europe*, *1815-2002*, London: Pearson Education Limited, 2002.

Lisle A. Rose, *Power at Sea*, Volume 1, The Age of Navalism, 1890-1918, Columbia and London: University of Missouri Press, 2007.

Lord Ismay, *Defence by Committee*: *The British Committee of Imperial Defence*, *1885-1959*, London: Oxford University Press, 1960.

Malcolm Llewellyn-Jones, *The Royal Navy and Anti-submarine Warfare*, *1917-49*, London; New York: Routledge, 2006.

Malcolm Llewellyn-Jones, *The Royal Navy and the Arctic Convoys*: *A Naval Staff History*, London: Whitehall History Publishing in association with Routledge, 2007.

Malcolm Llewellyn-Jones, *The Royal Navy and the Mediterranean Convoys*: *A Naval Staff History*, London; New York: Whitehall History Pub. in association with Routledge, 2007.

Mark Hewitson, *Germany and the Causes of the First World War*, Oxford: Berg Publishers, 2004.

Marshall J. Bastable, *Arms and the State*: *Sir William Armstrong and the Remaking of British Naval Power*, *1854-1914*, Aldershot, Hants: Ashgate, 2004.

Martin Ewans, *Britain and Russia in Central Asia*, *1880-1907*, London; New York: Routledge, 2008.

Mary A. Conley, *From Jack Tar to Union Jack*: *Representing Naval Manhood in the British Empire*, *1870-1918*, Manchester: Manchester University Press,

2009.

Michael Duffy, *Soldiers, Sugar, and Seapower: The British Expeditions to the West Indies and the War against Revolutionary France*, Oxford: Clarendon Press; New York: Oxford University Press, 1987.

Mike Snook, *Into the Jaws of Death: British Military Blunders, 1879-1900*, London: Frontline Books; Annapolis, MD: Naval Institute Press, 2008.

Norman Friedma, *German Warships of World War Ⅰ: The Royal Navy's Official Guide to the Capital Ships, Cruisers, Destroyers, Submarines, and Small Craft, 1914-1918*, Annapolis, MD: Naval Institute Press, 1992.

Norman Friedman, *Seapower as Strategy: Navies and National Interests*, Annapolis, MD: Naval Institute Press, 2001.

Oliver Warner, *The British Navy: A Concise History*, London: Thames and Hudson, 1975.

Oscar Parkes, *British Battleships, Warrior to Vanguard, 1860-1950: A History of Design, Construction and Armament*, London: Seeley Service & Co., 1956.

Owen Rutter, *Red Ensign: A History of Convoy*, London: R. Hale Ltd., 1943.

Paul M. Kennedy, *The Rise and Fall of British Naval Mastery*, London: Macmillan Press Ltd., 1983.

Peter Mathias and John A. Davis, *International Trade and British Economic Growth from the Eighteenth Century to the Present Day*, Cambridge, Mass.: Blackwell, 1996.

Peter Mathias, *The First Industrial Nation: An Economic History of Britain, 1700-1914*, London; New York: Methuen, 1983.

Peter Padfield, *Rule Britannia: The Victorian and Edwardian Navy*, London; Boston: Routledge & Kegan Paul, 1981.

Philip Howard Colomb, *Naval Warfare*, Annapolis, MD: Naval Institute Press, 1990.

Philip Howard Colomb, *Essays on Naval Defence*, London: W. H. Allen & Co. Ltd., 1896.

Phillips Payson O'Brien, *British and American Naval Power: Politics and Policy, 1900-1936*, Westport, Conn.: Praeger, 1998.

Phyllis Deane and W. A. Cole, *British Economic Growth, 1688-1959: Trends and Structure*, Cambridge: Cambridge University Press, 1964.

Rhodri Williams, *Defending the Empire: The Conservative Party and British Defence Policy, 1899-1915*, New Haven and London: Yale University Press, 1991.

Richard Buel, *In Irons: Britain's Naval Supremacy and the American Revolutionary Economy*, New Haven: Yale University Press, 1998.

Richard Hill, *War at Sea in the Ironclad Age*, London: Cassell & Co., 2000.

Richard Humble, *The Rise and Fall of the British Navy*, London: Queen Anne Press, 1986.

Robert Gardiner, *Frigates of the Napoleonic Wars*, Annapolis, MD: Naval Institute Press, 2000.

Roger Parkinson, *The Late Victorian Navy: The Pre-dreadnought Era and the Origins of the First World War*, Woodbridge: The Boydell Press, 2008.

Russell Wayne Anderson, *The Abandonment of British Naval Supremacy, 1918-1920*, Ann Arbor, Mich.: UMI, 1974.

Stephen Broadberry and Kevin O'Rourke, *The Cambridge Economic History of Modern Europe*, Cambridge: Cambridge University Press, 2010.

Theodore Ropp, *The Development of a Modern Navy: French Naval Policy, 1871-1904*, Annapolis, MD: Naval Institute Press, 1987.

T. B. Dixon, *The Enemy Fought Splendidly: Being the 1914-1915 Diary of the Battle of the Falklands & Its Aftermath*, Poole, Dorset: Blandford Press; New York, N. Y.: Sterling Pub. Co., 1983.

T. K. Rabb, *Enterprise and Empire: Merchant and Gentry Investment in the

Expansion of England, *1575-1630*, Cambridge：Harvard University Press，1967.

Victoria Carolan，*WWI at Sea*，Harpenden，Herts：Pocket Essentials，2007.

William Hovgaard，*Modern History of Warships*，London：E. & F. N. Spon，Ltd.；New York：Spon & Chamberlain，1920.

W. Cunningham，*The Growth of English Industry and Commerce in Modern Times*，Cambridge：University Press，1907.

［法］福煦：《作战原则》，军事科学院外国军事研究部译，北京：军事科学出版社，1991年。

［美］阿尔弗雷德·塞耶·马汉：《海军战略》，蔡鸿幹、田常吉译，北京：商务印书馆，1999年。

［美］阿尔弗雷德·塞耶·马汉：《海权对历史的影响》，安常容、成忠勤译，北京：中国人民解放军出版社，2006年。

［美］斯蒂芬·豪沃思：《驶向阳光灿烂的大海：美国海军史，1775—1991》，王启明译，北京：世界知识出版社，1997年。

［英］B. R. 米切尔：《帕尔格雷夫世界历史统计》（欧洲卷），贺力平译，北京：经济科学出版社，2002年。

［英］D. 豪沃思：《战舰》，伍江译，北京：海洋出版社，1984年。

［英］J. F. C. 富勒编著：《西洋世界军事史》（第二卷），钮先钟译，桂林：广西师范大学出版社，2004年。

［英］阿·莱·莫尔顿：《人民的英国史》，谢琏造等译，北京：生活·读书·新知三联书店，1976年。

［英］查尔斯·达维南特：《论英国的公共收入与贸易》，朱泱、胡企林译，北京：商务印书馆，1995年。

［英］克拉潘：《现代英国经济史》（中卷），姚曾廙译，北京：商务印书馆，2009年。

［英］罗伯特·杰克逊：《战列舰：从中世纪至现代》，张国良译，北京：国际文化出版公司，2003年。

［英］托马斯·孟：《英国得自对外贸易的财富》，袁南宇译，北京：商务印书馆，2009年。

《航海手册》编写组编：《世界主要航线简介》，北京：人民交通出版社，1979年。

丛胜利、李秀娟：《英国海上力量——海权鼻祖》，北京：海洋出版社，1999年。

丁朝弼：《世界近代海战史》，北京：海洋出版社，1994年。

丁一平等编：《世界海军史》，北京：海潮出版社，2000年。

何树才：《外国海军军事思想》，北京：国防大学出版社，2007年。

军事科学院世界军事研究部编：《中国军事百科全书》（外国军事思想分册），北京：中国大百科全书出版社，2007年。

军事科学院作战理论和条令研究部编：《中国军事百科全书》（战略分册），北京：中国大百科全书出版社，2007年。

军事科学院作战理论和条令研究部编：《中国军事百科全书》（战争法分册），北京：中国大百科全书出版社，2007年。

雷海主编：《世界航线》，北京：人民交通出版社，1995。

刘中民、修斌、郭培清等：《国际海洋政治专题研究》，青岛：中国海洋大学出版社，2007年。

钮先钟：《西方战略思想史》，桂林：广西师范大学出版社，2003年。

钱乘旦主编，孟广林、黄春高著：《英国通史》（第二卷 封建时代——从诺曼征服到玫瑰战争），南京：凤凰出版传媒股份有限公司、江苏人民出版社，2016年。

世界知识出版社编：《国际条约集（1648—1871）》，北京：世界知识出版社，1984年。

世界知识出版社编：《国际条约集（1872—1916）》，北京：世界知识出版社，1986年。

孙文范编著：《世界历史地名辞典》，长春：吉林文史出版社，1990年。

王觉非：《近代英国史》，南京：南京大学出版社，1997年。

王生荣：《海权论的鼻祖——马汉》，北京：军事科学出版社，2000年。

王绳祖主编：《国际关系史》（第三卷），北京：世界知识出版社，1996年。

王铁崖、朱荔荪、田如萱等编：《战争法文献集》，北京：解放军出版社，

1986年。

王志强主编：《护航大海战》（第二次世界大战全程纪实系列丛书），北京：外文出版社，2010年。

徐卓英：《英国1906年海上保险法》，北京：对外贸易教育出版社，1988年。

杨槱：《轮船史》，上海：上海交通大学出版社，2005年。

杨跃：《海洋争霸500年：英国皇家海军与大英帝国的兴衰》，北京：军事科学出版社，2007年。

袁恩桢编著：《英汉国际贸易与经济管理详解词典》，北京：经济科学出版社，1995年。

张炜：《影响历史的海权论：马汉〈海权对历史的影响（1660—1783）〉浅说》，北京：军事科学出版社，2000年。

赵军秀：《英国对土耳其海峡政策的演变：18世纪末至20世纪初》，北京：中国社会科学出版社，2007年。

郑雪飞：《"自由船、自由货"：战时中立国海上贸易权利之争》，北京：中国社会科学出版社，2004年。

三、论文

（一）期刊论文

Arthur Pierce Middleton, "The Chesapeake Convoy System, 1662-1763," *The William and Mary Quarterly*, Third Series, Vol. 3, No. 2 (Apr., 1946), pp. 182-207.

Carlyon Bellairs, "England's Food-Supply in Time of War," *The North American Review*, Vol. 184, No. 606 (Jan. 4, 1907), pp. 73-79.

Charles John Fedorak, "The Royal Navy and British amphibious Operations during the Revolutionary and Napoleonic Wars," *Military Affairs*, Vol. 52, No. 3 (Jul., 1988), pp. 141-146.

David W. Sweet, "The Baltic in British Diplomacy before the First World War," *The Historical Journal*, Vol. 13, No. 3 (Sep., 1970), pp. 451-490.

Donald C. Gordon, "The Colonial Defence Committee and Imperial Collaboration: 1885-1904," *Political Science Quarterly*, Vol. 77, No. 4 (Dec., 1962), pp. 526-545.

H. Seton-Karr, "England's Food Supply in Time of War," *The North American Review*, Vol. 164, No. 487 (Jun., 1897), pp. 651-663.

H. C. Tomlinson, "The Ordnance Office and the Navy, 1660-1714," *The English Historical Review*, Vol. 90, No. 354 (Jan., 1975), pp. 19-39.

John H. Maurer, "The Anglo-German Naval Rivalry and Informal Arms Control, 1912-1914," *The Journal of Conflict Resolution*, Vol. 37, No. 2 (Jun., 1992), pp. 284-309.

Jon Tetsuro Sumida, "A Matter of Timing: The Royal Navy and the Tactics of Decisive Battle, 1912-1916," *The Journal of Military History*, Vol. 67, No. 1 (Jan., 2003), pp. 85-136.

Michael D. Bordo and Eugene N. White, "A Tale of Two Currencies: British and French Finance during the Napoleonic Wars," *The Journal of Economic History*, Vol. 51, No. 2 (Jun., 1991), pp. 303-316.

Nicholas A. Lambert, "Admiral Sir John Fisher and the Concept of Flotilla Defence, 1904-1909," *The Journal of Military History*, Vol. 59, No. 4 (Oct., 1995), pp. 639-660.

Phillips Payson O'Brien, "The Titan Refreshed: Imperial Overstretch and the British Navy before the First World War," *Past & Present*, No. 172 (Aug., 2001), pp. 146-169.

P. H. S. Hatton, "Britain and Germany in 1914: The July Crisis and War Aims," *Past and Present*, No. 36 (Apr., 1967), pp. 138-143.

Simon Ville, "The Growth of Specialization in English Shipowning, 1750-1850," *The Economic History Review*, New Series, Vol. 46, No. 4 (Nov., 1993), pp. 702-722.

William Harrison Standley, "The Strategy of Sea Power," *Proceedings of the Academy of Political Science*, Vol. 18, No. 3 (May, 1939), pp. 67-74.

黄鸿钊：《十九世纪末二十世纪初列强的扩军狂潮》，《安徽师范大学学报（人文社会科学版）》1981年第1期。

贾珺：《1815—1914 年英国海权特点分析》，《军事历史研究》2006 年第 1 期。

沈洋：《近代法国私掠船活动研究》，《法语学习》2012 年第 1 期。

王本涛：《简析约翰·科洛姆的帝国防御思想》，《广西师范大学学报（哲学社会科学版）》2011 年第 2 期。

张亚东：《论英第一帝国时期的海军》，《湘潭师范学院学报（社会科学版）》2004 年第 5 期。

(二) 硕博论文

Bryan Ranft, *The Naval Defense of British Sea-borne Trade, 1860 - 1905*, Ph. D. Dissertation, Oxford：University of Oxford, 1967.

Georgia A. Mann, *John Buchan (1875 - 1940) and the First World War：A Scot's Career in Imperial Britain*, Ph. D. Dissertation, Denton：University of North Texas, 1999.

Glenn Ansel Stackhouse, *The Anglo-American Convoy System in World War Ⅰ, 1917-18* (Volumes Ⅰ and Ⅱ), Ph. D. Dissertation, Columbia：University of South Carolina, 1993.

李兵：《国际战略通道研究》，博士学位论文，中共中央党校，2005 年。

尚永强：《英国与克里米亚战争》，硕士学位论文，首都师范大学，2009 年。

王本涛：《20 世纪初英帝国的防御战略与帝国防务委员会》，博士学位论文，首都师范大学，2010 年。

四、网络资源

http：//gigapedia.com/

http：//hansard.millbanksystems.com

http：//pqdt.calis.edu.cn/Default.aspxhttp：//www.jstor.org/

附录一：地名翻译对照表

阿基坦	Aquitaine
阿森松岛	Ascension Island
埃尔西诺	Elsinore
埃及	Egypt
爱尔兰	Ireland
敖德萨	Odessa
奥博	Abo
奥恰科夫	Ochakov
奥斯坦德	Ostend
奥威尔	Orwell
澳大利亚	Australia
巴尔的摩	Baltimore
巴统	Batumi
北海	North Sea
贝雷海文	Berehaven
贝西卡海湾	Besika Bay
比斯开湾	Bay of Biscay
槟城	Penang
波尔多	Bordeaux
波季	Poti
波罗的海	Baltic Sea

附录一：地名翻译对照表

波斯湾	Persian Gulf
波特兰岛	Isle of Portland
博斯普鲁斯海峡	Strait of Bosporus
布雷斯特	Brest
布洛涅	Boulogne
达达尼尔海峡	Dardanelles Strait
达喀尔	Dakar
戴维斯海峡	Davis Strait
丹吉尔	Tangier
丹麦	Danmark
地中海	Mediterranean
敦刻尔克	Dunkerque
厄尔巴岛	Elba
法尔茅斯	Falmouth
法属印度支那	French Indo-China
菲尼斯特雷角	Cape Finisterre
费城	Philadelphia
芬兰堡	Sveaborg
芬兰湾	Gulf of Finland
佛得角	Cape Verde
佛兰德斯	Flanders
符拉迪沃斯托克（海参崴）	Vladivostock
福斯湾	Firth of Forth
哥本哈根	Copenhagen
格陵兰岛	Greenland
瓜德罗普	Guadeloupe
圭亚那	Guyana
哈得孙湾	Hudson Bay
哈利法克斯	Halifax

近代英国海上贸易保护政策的演变（17世纪中叶至20世纪初）

哈里奇	Harwich
汉堡	Hamburg
好望角	Cape of Good Hope
合恩角	Cape Horn
赫尔	Hull
赫尔辛福	Helsingfor
黑海	Black Sea
皇后镇	Queenstown
加的斯湾	Bay of Cadiz
加来	Calais
加勒	Galle
加勒比海	Caribbean
加里波利	Gallipoli
加纳利群岛	Canary Islands
加斯科涅	Gascony
巨文岛（汉密尔顿港）	Port Hamilton
君士坦丁堡	Constantinople
喀琅施塔得	Kronstadt
凯法利尼亚岛	Cephallenia
科伦坡	Colombo
科西嘉岛	Corsica
刻赤	Kerch
魁北克	Quebec
昆士兰	Queensland
莱戈恩	Leghorn
黎凡特	Levant
里加	Riga
里斯本	Lisbon
里约热内卢	Rio de Janeiro

附录一：地名翻译对照表

利物浦	Liverpool
列维尔	Revel
伦敦	London
马尔维纳斯群岛	Islas Malvinas/Falkland Islands
马耳他	Malta
马拉加	Malaga
马提尼克岛	Martinique
毛里求斯	Mauritius
南安普顿	Southampton
纽芬兰	Newfoundland
纽卡斯尔	Newcastle
纽约	New York
挪威	Norway
帕尔马	Parma
皮蒙特	Piemonte
朴次茅斯	Portsmouth
普利茅斯	Plymouth
乔治王湾	King George Sound
塞得港	Port Said
塞瓦斯托波尔	Sevastopol
瑟堡	Cherbourg
斯威利湖	Lough Swilly
圣弗朗西斯科	San Francisco
圣赫勒拿岛	Saint Helena
圣劳伦斯湾	Gulf of Saint Lawrence
圣塞瓦斯蒂安	San Sebastian
圣文森特角	Cape St. Vincent
圣尤斯特歇	St. Eustatius
士麦那	Smyrna

近代英国海上贸易保护政策的演变（17世纪中叶至20世纪初）

苏格兰	Scotland
苏伊士运河	Suez Canal
泰晤士河	Thames River
特内多斯岛	Tenedos
土伦	Toulon
西贡	Saigon
西蒙湾	Simon's Bay
西西里岛	Sicily
西印度群岛	West Indians
悉尼	Sydney
锡兰	Ceylon
香港	Hong Kong
新加坡	Singapore
新罗西斯克	Novorossik
新南威尔士	New South Wales
新斯科舍省	Nova Scotia
牙买加	Jamaica
雅茅斯	Yarmouth
亚得里亚海	Adriatic Sea
亚丁	Aden
亚速尔群岛	Azores
伊普斯威奇	Ipswich
英吉利海峡	English Channel
远东	Far East
约克角	Cape York
芝加哥	Chicago
直布罗陀	Gibraltar

附录二：人名翻译对照表

G. A. 劳斯	G. A. Laws
H. M. S. 费洛姆	H. M. S. Philomel
W. T. 斯特德	W. T. Stead
阿尔弗雷德·霍尔特	Alfred Holt
阿尔弗雷德·塞耶·马汉	Alfred Thayer Mahan
阿诺德·黑格	Arnold Hague
阿瑟·胡德	Arthur William Acland Hood
阿瑟·马德	Arthur J. Marder
阿斯特里·库珀·基	Astley Cooper Key
埃里克·格罗夫	Eric J. Grove
埃文·麦格雷戈	Evan MacGregor
爱德华·洛克鲁瓦	Edouard Lockroy
爱德华·梅	Edward Sinclair May
爱德华·诺西	Edward Northey
爱德华三世	Edward III
爱德华六世	Edward VI
本杰明·迪斯累利	Benjamin Disraeli
本杰明·克罗	Benjamin Crow
波特兰公爵	Duke of Portland
布赖恩·兰夫特	Bryan Ranft
查尔斯·贝雷斯福德	Charles Beresford
查尔斯·达维南特	Charles Davenant

查尔斯·麦基弗	Charles maciver
查尔斯·米德尔顿	Charles Middleton
查理二世	Charles Ⅱ
德·利努瓦	Charles Alexandre Léon Durand de Linois
菲利普·奥古斯塔斯	Philip Augustus
菲利普·科洛姆	Philip Colomb
弗朗西斯·雷诺兹	Francis Reynolds
弗朗西斯·培根	Francis Bacon
弗雷德里克·理查兹	Frederick Richards
海德·帕克	Hyde Parker
赫伯特·杰基尔	Herbert Jekyll
亨利·巴克利	Henry Barkly
亨利·马腾	Henry Marten
亨利·特恩格	Henry Teonge
亨利八世	Henry Ⅷ
亨利五世	Henry Ⅴ
霍雷肖·纳尔逊	Horatio Nelson
加布里埃尔·沙尔姆	Gabriel Charmes
杰弗里·菲普斯·霍恩比	Geoffrey Phipps Hornby
卡那封勋爵	Lord Carnarvon
克里斯托弗·贝内特	Christopher Bennett
肯尼迪·格雷	Kennedy Greg
莱昂·布儒瓦	Leon Bourgeois
雷金纳德·霍尔	Reginald Hall
雷金纳德·卡斯坦斯	Reginald Custance
理查德·格里维尔	Richild Grivel
理查德·汉密尔顿	Richard Hamilton
理查德·霍尔·高尔	Richard Hall Gower
理查三世	Richard Ⅲ
刘易斯·博蒙特	Lewis Beaumont

附录二：人名翻译对照表

路易斯·巴滕贝格	Louis Battenberg
路易斯·菲利普	Louis Phillipe
罗伯特·戴蒙	Robert Damon
罗伯特·哈姆斯	Robert Hammoth
罗伯特·雷蒙德	Robert Raymond
罗杰·帕金森	Roger Parkinson
马丁·弗罗比舍	Martin Frobisher
纳撒尼尔·巴纳比	Nathaniel Barnaby
欧文·拉特	Owen Rutter
皮特·玛瑟姆	Peter Motham
乔治·埃利奥特	George Elliot
乔治·邓肯	George Duncan
乔治·罗德尼	George Rodney
乔治·特赖恩	George Tryon
塞缪尔·巴林顿	Samuel Barrington
塞缪尔·佩皮斯	Samuel Pepys
斯图尔特·默里	Stewart Murray
唐纳德·麦肯齐·舒尔曼	Donald Mackenzie Schurman
托马斯·布拉西	Thomas Brassey
托马斯·亨利·伊斯梅	Thomas Henry Ismay
托马斯·林奇	Thomas Lynche
威尔士王子	Prince of Wales
威廉·道尔	William Dowell
威廉·德·内维尔	William de Neville
威廉·亨利·霍尔	William Henry Hall
威廉·怀特	William White
威廉·霍尔登	William Holden
威廉·康沃利斯	William Cornwallis
威廉·蒙森	William Monson
威廉·帕克	William Parker

威廉·托马森	William Thomson
威廉·沃尔德格雷夫	William Waldegrave
威廉·扬	William Young
威廉二世	Kaiser Wilhelm II von Deutschland
威灵顿公爵	Duke of Wellington
维多利亚	Alexandrina Victoria
沃尔特·罗利	Walter Raleigh
西奥多·罗普	Theodore Ropp
悉尼·厄德利-威尔莫特	Sydney Eardley-Wilmot
休·帕利泽	Hugh Palliser
休·奇尔德斯	Hugh Childrs
亚当·斯密	Adam Smith
亚历山大·米尔恩	Alexander Milne
亚森特·洛朗·泰奥菲勒·奥布	Hyacinthe Laurent Théophile Aube
伊丽莎白一世	Elizabeth I
约翰·达克沃斯	John Duckworth
约翰·霍普森	John Hopton
约翰·霍西尔	John Hosier
约翰·卡斯特尔	John Kastel
约翰·科洛姆	John Colomb
约翰·蒙塔古	John Montagu
约翰·穆特雷	John Moutray
约翰·纳伯勒	John Narborough
约翰·诺克斯·劳顿	John Knox Laughton
约翰·斯宾塞	John Spencer
约翰·温顿	John Winton
约翰·西蒙斯	John Simmons
约翰·夏普	John Sharpe
约翰一世	John I

附录三：主要称谓翻译对照表

"观察和等待"政策	Policy of "Wait and See"
《亚眠和约》	The Peace of Amiens
白星航运公司	White Star Line
北方电报公司	Northern Company
大众晚报	General Evening Post
帝国非洲公司	Royal Africa Company
第二次英荷战争	The Second Anglo-Dutch War
第二检察官	The Solicitor-General
第一次护航法案	The First Convoy Act
第一次英荷战争	The First Anglo-Dutch War
第一海军大臣	First Naval Lord/First Sea Lord
东印度公司	East India Company
对外情报委员会	Foreign Intelligence Committee
海军部	The Admiralty
海军部第一大臣	First Lord of Admiralty
海军部委员会	Board of Admiralty
海军次官	Junior Naval Lord
海军防御法案	Naval Defence Act
海军建造中心	Institute of Naval Architects
海军情报处	Naval Intelligence Department
海上战争与军械法案	Laws of War and Ordnances at Sea

近代英国海上贸易保护政策的演变（17世纪中叶至20世纪初）

海洋汽船公司	Ocean Steamship Company
海战法	Law of Naval Warfare
饥饿理论	Starvation Theory
加纳利公司	Canary Company
剑桥大学	University of Cambridge
卡那封委员会	The Carnarvon Commission
克里米亚战争	Crimean War
快速蒸汽船	Fast Steam Ship
两强标准	Two-power Standard
陆军部	War Office
伦敦标准报	The London Standard
慢速蒸汽船	Slow Steam Ship
贸易攻击战	Commerce Raiding/Guerre de Course
牛津大学	University of Oxford
诺曼征服	Norman Conquest
帕尔街报	Pall Mall Gazette
青年学派	Jeune Ecole
丘纳德航运公司	The Cunard Line
日俄战争	Russo-Japanese War
首席检察官	The Attorney-General
斯蒂尔亚德	Steelyyard
苏丹	Sultan
特拉法加海战	Battle of Trafalgar
土耳其公司	The Turkey Company
无敌舰队	Invincible Armada
武装商船	Armed Merchantman
西班牙王位继承战争	War of the Spanish Succession
西部通道海域	Western Approaches
希腊独立战争	War of Greek Independence

附录三：主要称谓翻译对照表

英国北方汽船船东协会	North of England Steam Ship Owners Association
英国皇家国防安全问题研究所	Royal United Services Institution
英国内战	English Civil War
英曼轮船公司	Inman Steamship Company
英西战争	Anglo-Spanish War
战时航线	War Route
蒸汽桥噩梦	the "Steam Bridge" Nightmare

附录四：主要相关海战法

一、《巴黎会议关于海上若干原则的宣言》

（1856年4月16日订于巴黎）

1856年3月30日巴黎条约签字各国全权代表在出席会议中考虑到：

长期以来，战时海上法已成为令人惋惜的纠纷的题目；

在这个问题上权利和义务的不明确，是中立国和交战国之间足以产生严重困难、甚至冲突的意见分歧的原因；

因此，对如此重要的问题制定一些统一的原则是有益的；

出席巴黎会议的各国全权代表认为只有将与此有关的固定的原则贯彻于国际关系之中，才能充分满足他们各自政府的热切愿望。

上述全权代表经正式受权，对达到这一目的的方法达成了协议，并庄严宣布如下的宣言：

（一）从此以后永远取缔私掠船制；

（二）中立国旗帜掩护敌方货物，战时违禁品除外；

（三）在敌国旗帜下的中立国货物不受拿捕，战时违禁品除外；

（四）为了使封锁具有拘束力，必须是有效的封锁，即由一支足以真正阻止进入敌国海岸的武力所维持的封锁。

以下签名的全权代表的政府保证将本宣言通知未被邀参加巴黎会议的国家并邀请它们加入本宣言。

下列签名的各全权代表，深信以上发表的各项规则必将得到各国衷心的采纳，毫不怀疑他们各自的政府为了普遍采用上述规则而做出的努力将获得圆满成功。

本宣言只对已加入或将加入本宣言的国家间有拘束力。

(代表签字从略)

(转引自世界知识出版社编：《国际条约集（1648—1871）》，北京：世界知识出版社，1984年)

二、第二届国际和平会议的相关公约

（一）第六公约《关于战争开始时敌国商船地位公约》（1907年10月18日订于海牙）

(缔约各国元首称呼略)

渴望保证国际商业的安全，以防受战争的突然打击，并希望按照现代的实践，尽量保护战争开始以前善意进行和正在执行中的商业活动；

决定为此目的缔结本公约，并各自任命全权代表如下：

(各全权代表名单略)

上列全权代表提交全权证书认为妥善后，议定条款如下：

第一条

在敌对行动开始时停泊于敌国港口的交战国的商船，应准其立即或在合理的宽容限期自由离去，并随带通行证直接开往其目的地港口或所指定的任何其他港口。

本规定也适用于在战争开始以前已经离开最后出发港，并在不知道战争已开始的情况下进入敌国港口的商船。

第二条

商船由于不可抗力的情况未能在前条所指的限期内离开敌国港口，或未能获得驶离许可时，不得予以没收。

交战国只能在战后归还的条件下无偿扣留商船，或者有偿征用之。

第三条

对在海上相遇的在战争开始前就已离开最后出发港并对战事毫无所知的敌国商船，不得予以没收。它们只能在战后予以归还的谅解下才能无偿地予以扣留，或在给予补偿的前提下予以征用或击毁。在后述情况下必须对船上人员的安全和船舶文件的保护做出安排。

此类船舶，经抵达本国港口或中立国港口后，就受海战法规和习惯的管辖。

第四条

第一条和第二条所指船上的敌国货物同样可连同船舶一起或单独地予以扣留并在战后无偿归还，或予以有偿征用。

第三条所指船上的货物同样适用于本规定。

第五条

本公约不适用于其结构表明它们的目的在于改装成为战舰的商船。

第六条

本公约的规定应在缔约国之间，并且只有在交战双方都是本公约的缔约国时才适用。

第七条

本公约应尽速批准。

批准书应交存于海牙。

首批批准书的交存应作成记录，并由各加入国代表和荷兰外交大臣签署。

此后批准书的交存，应以书面方式通知荷兰政府，并附交批准文件。

首批批准书交存记录、前款提到的书面通知以及批准文件的经核证无误的副本，应由荷兰政府通过外交途径立即送交被邀请出席第二届和平会议的各国以及后来加入本公约的其他国家。对前款所指的情况，荷兰政府应同时把收到通知的日期通知上述各国。

第八条

非签署国可以加入本公约。

愿加入的国家应将其意愿书面通知荷兰政府，同时向该国政府送交加入书，该加入书保存于荷兰政府的档案库。

荷兰政府应将通知和加入书的经核证无误的副本立即送交所有其他国家，并注明收到通知的日期。

第九条

本公约对首批交存批准书的国家，于此项交存作成正式记录之日起六十天后生效，对此后批准或加入的国家，则于荷兰政府收到批准或加入通知之日起六十天后开始生效。

第十条

如一缔约国要求退出本公约，则须书面通知荷兰政府，由该国政府立即将通知的经核证无误的副本送交所有其他国家并告以收到通知的日期。

退出只对发出退出通知的国家，并于通知送达荷兰政府一年后生效。

第十一条

由荷兰外交部保管的登记簿载明按照第七条第三款和第四款交存批准书的日期，以及收到加入通知（第八条第二款）或退出通知（第十条第一款）的日期。

每一缔约国均得查阅该登记簿并可要求提供核证无误的摘录。

各全权代表在本公约上签字，以昭信守。

1907年10月18日订于海牙，正本一份，存于荷兰政府档案库，经核证无误的副本通过外交途径送交被邀出席第二届和平会议的各国。

（代表签字从略）

（二）第八公约《关于敷设自动触发水雷公约》（1907 年 10 月 18 日订于海牙）

（各缔约国元首称呼略）

在各国开放的海洋通道自由原则的启示下；

考虑到在目前情况下虽然不能禁止使用自动触发水雷，但至少有必要加以限制并调整其使用，以期减轻战争的祸害，即使在存在战争的情况下也尽可能使和平航行仍能获得应有的安全；

在将来有可能对此问题制定规章以保证有关各方的利益获得应有的保障之前；

决定为此目的缔结本公约并各自任命全权代表如下：

（各全权代表名单略）

上列全权代表提交全权证书认为妥善后，议定条款如下：

第一条

禁止：

1. 敷设无锚的自动触发水雷，但其构造使它们于敷设者对其失去控制后至多一小时后即为无害的水雷除外。
2. 敷设在脱锚后不立即成为无害的有锚自动触发水雷；
3. 使用在未击中目标后仍不成为无害的鱼雷。

第二条

禁止以截断商业航运为唯一目的而在敌国海岸和港口敷设自动触发雷。

第三条

在使用有锚的自动触发水雷时，应对和平航运的安全采取一切可能的预防措施。

交战国保证竭尽一切务使此种水雷在一定时间内成为无害。如果水雷已不能察见，则一俟军事情况许可时，即将危险区域通知各船主并通过外交途径通知各国政府。

第四条

中立国如在其海岸外敷设自动触发水雷,必须遵守强加交战国的同样规则并采取同样的预防措施。

中立国必须在事前把即将敷设自动触发水雷的区域通知各船主。此项通知必须立即通过外交途径通知各有关政府。

第五条

一俟战争告终,各缔约国保证尽其力之所及,各自扫除其所敷设的水雷。

至于交战国一方沿另一方海岸敷设的有锚自动触发水雷,敷设水雷的国家应将敷设地点通知另一方。每一方应在最短期间扫除在本国水域内的水雷。

第六条

缔约国由于尚未拥有本公约所规定的完备的水雷,因而目前无法遵循第一条和第三条所定的规则者,承允尽速改进其水雷的器材,以符合上述要求。

第七条

本公约各条款应在缔约各国之间,并且只有在各交战国均为本公约的缔约国时始能适用。

第八条

本公约应尽速批准。

批准书应交存于海牙。

首批批准书的交存应作成记录,并由各加入国代表和荷兰外交大臣签署。

此后批准书的交存,应以书面方式通知荷兰政府,并附送批准文件。

首批批准书交存记录、前款提到的书面通知以及批准文件的经核证无误的副本应由荷兰政府通过外交途径迅速送交被邀请出席第二届和平会议的各国以及后来加入本公约的其他国家。对前款所指的情况,荷兰政府应同时把收到通知的日期通知上述各国。

第九条

非签署国可以加入本公约。

愿加入的国家应将其意愿书面通知荷兰政府，同时向该国政府送交加入书，该加入书保存于荷兰政府的档案库。

荷兰政府将通知和加入书的经核证无误的副本立即送交所有其他国家，并注明收到的日期。

第十条

本公约对参加首批交存批准书的国家，于此项交存作成正式记录之日起六十天后生效，对此后批准或加入的国家，则于荷兰政府收到其批准或加入通知之日起六十天后开始生效。

第十一条

本公约有效期为七年，自首批批准书交存之日后的第六十天起计算。

除被废止外，本公约在上述期限届满后继续有效。

退出须以书面通知荷兰政府，由该国政府立即将退出通知的经核证无误的副本送交各国，并告以收到通知的日期。

退出只对发出退出通知的国家，并于通知送达荷兰政府六个月后生效。

第十二条

各缔约国承允在前条第一款规定的期限届满前六个月重新提出使用自动触发水雷的问题，如果该问题事先未经未来第三届和平会议提出并解决的话。

如今后缔约国缔结了关于使用水雷的新公约，一俟该新公约生效，本公约即停止适用。

第十三条

由荷兰外交部保存的登记簿载明按照第八条第三和第四款交存批准书的日期，以及收到加入通知（第九条第二款）或退出通知（第十一条第一款）

的日期。

每一缔约国得查阅该登记簿并可要求提供核证无误的摘录。

各全权代表在本公约上签字，以昭信守。

1907年10月18日订于海牙，正本一份，存于荷兰政府档案库，经核证无误的副本通过外交途径送交被邀出席第二届和平会议的各国。

（代表签字从略）

（三）第十一公约《关于对海战中行驶拿捕权的某些限制的公约》（1907年10月18日订于海牙）

（各缔约国元首称呼略）

认识到比过去更有效地确保战争时期在各海洋国家的国际关系中公正实施法律的必要性；

认为，为此目的，宜于从共同的利益出发放弃或协调某些有分歧的旧惯例，着手编纂关于和平贸易和正当商业所应获得的保障及海上敌对行为准则的普遍适用的规则，并宜于将迄今仍处于争论不定或听任各国政府任意处理的各项原则用共同的书面约定确定下来；

又认为，自现在起可就普通法仍未解决的问题制定某些规则，而不影响现行有效的普通法；

各自任命全权代表如下：

（各全权代表名单略）

上列全权代表提交全权证书认为妥善后，议定条款如下：

第一章　邮政通信

第一条

在海上的中立国或交战国船舶中发现的中立国或敌国的邮件，不论属于官方或私人，都是不可侵犯的。如船舶遭扣留，则拿捕者应尽速将此项邮件寄送出去。

在发生破坏封锁时，对发自或寄往被封锁港口的邮件不适用上述规定。

近代英国海上贸易保护政策的演变（17世纪中叶至20世纪初）

第二条

邮政通信的不可侵犯性并不使中立国邮船对一般中立国商船应遵守的海战法规和习惯享有豁免。但该船除在绝对必要的情况下不得予以搜查，在搜查时应尽可能谨慎迅速为之。

第二章　某些船舶免受拿捕

第三条

专为在沿岸捕鱼的船只或从事地方商业活动之用的小船，包括其用具、绳索、船具和货物在内均免受拿捕。

但如船舶以任何方式参加敌对行动时，此项豁免即停止适用。

各缔约国同意不利用此类船舶的无害性质，即保持其和平的外表却用于军事目的。

第四条

负有宗教、科学或慈善使命的船舶也不受拿捕。

第三章　关于交战国捕获的敌国商船船员的规定

第五条

当敌国商船被交战一方捕获时，船员中属于中立国国民者不能作为战俘。

属于中立国国民的船长和高级船员如书面正式保证不在战争持续期间在敌国船舶上服务，也同样不能作为战俘。

第六条

属于敌国国民的船长、高级船员和船员如做出正式书面保证，不在战争持续期间进行任何与作战有关的服务时，不能作为战俘。

第七条

依照第五条第二款和第六条而保有自由的人员，其姓名应由执行拿捕的交战一方通知交战另一方。后者不得在知情的情况下雇用上述人员。

第八条

上列三条的规定不适用于参加敌对行动的船舶。

第四章 最后条款

第九条

本公约各条款应在缔约各国之间,并且只有在各交战国都是本公约加入国时才予适用。

第十条

本公约应尽速批准。

批准书应交存于海牙。

首批批准书的交存,应作为正式记录,并由各加入国代表和荷兰外交大臣签署。

此后批准书的交存,应以书面方式通知荷兰政府,并附送批准书。

首批批准书的交存记录、前款提到的书面通知以及批准文件的经核证无误的副本,应由荷兰政府通过外交途径立即送交被邀请出席第二届和平会议的各国以及后来加入本公约的其他国家。对前款所指的情况,荷兰政府应同时把收到通知的日期通知上述各国。

第十一条

非签署国可以加入本公约。

愿加入的国家应将其意愿书面通知荷兰政府,同时向该国送交加入书,该加入书保存于荷兰政府的档案库。

荷兰政府应将通知和加入书的经核证无误的副本立即送交所有其他国家,并注明收到通知的日期。

近代英国海上贸易保护政策的演变（17世纪中叶至20世纪初）

第十二条

本公约对参加首批交存批准书的国家，于此项正式交存作成记录之日起六十天后生效，对此后批准或加入的国家，则于荷兰政府收到此项批准或加入通知六十天后开始生效。

第十三条

如一缔约国要求退出本公约，则此项退出须以书面通知荷兰政府，由该国政府立即将通知的经核证无误的副本送交所有其他国家并告以收到通知的日期。

退出只对发出退出通知的国家，并于通知送达荷兰政府一年后生效。

第十四条

由荷兰外交部保存的登记簿载明按照第十条第三款和第四款交存批准书的日期，以及收到加入通知（第十一条第二款）或退出通知（第十三条第一款）的日期。

每一缔约国均得查阅该登记簿并可要求提供核证无误的摘录。各全权代表在本公约上签字，以昭信守。

1907年10月18日订于海牙，正本一份，存于荷兰政府档案库；经核证无误的副本通过外交途径送交被邀出席第二届和平会议的各国。

（代表签字从略）

（四）第十三公约《关于中立国在海战中的权利和义务公约》（1907年10月18日订于海牙）

（各缔约国元首称呼略）

为了调和在海战中中立国和交战国关系上仍然存在的意见分歧，并防止由于这些分歧而发生的困难；

认识到，即使目前还不能就适用于实践中可能出现的一切情况的办法取得一致意见，但在可能范围内制定普遍适用的规则以适应战争不幸爆发时的情况，仍无疑是极有益的；

认识到对本公约所未规定的事项，最好应考虑国际法的一般原则；

认识到各国颁布详细的规定以调整由于它们所采取的中立地位所产生的后果是可取的；

认识到对中立国而言，把这些规定公正地适用于各交战国是公认的义务；

认识到本着这种思想，中立国原则上不得在战争进行过程中改变这些规定，除非经验证明，为了保障该国的权利，有做出这种改变的必要；

同意遵守下列共同的规则，但此项规则不得改变现行一般条约的规定，并各自任命全权代表如下：

（各全权代表名单略）

上列全权代表提交全权证书认为妥善后，议定如下条款：

第一条

交战国必须尊重中立国的主权，并避免在中立国领土或领水内，从事任何可能构成违反中立的行为，如果任何国家有意允许这些行为的话。

第二条

交战国军舰在中立国领水内的任何敌对行为，包括捕获和行使搜索权在内，均属侵犯中立，应严加禁止。

第三条

凡遇船只在中立国领水内被捕获，如被捕获的船只仍在该国管辖的范围内，该中立国应使用它所掌握的一切手段使该船连同全体职员和船员一并释放，并拘留捕获者派在船上的人员。

如被捕获的船只不在中立国管辖范围内，则捕获国政府经中立国的要求，应将捕获的船只连同船上职员和船只予以释放。

第四条

交战国不得在中立国领土内或在中立国领水内的船舶上设立任何捕获

法庭。

第五条

禁止交战国将中立国港口和领水作为攻击敌国的海战基地，特别是禁止在那里设置无线电台或其他供交战国陆上或海上部队进行通信之用的设备。

第六条

禁止中立国以任何方式将军舰、弹药或任何作战物质，直接或间接供给交战国。

第七条

中立国没有义务阻止交战国任何一方载运武器、弹药以及一般为陆、海军所需的物质出口或过境。

第八条

中立国政府应尽其力之所及，以阻止任何船只在它的管辖范围内得到装备和武装，如果它有理由相信这些船只的目的在于进行游弋或参加反对与它和平共处的国家的作战行动的话。该政府对于在其管辖范围内进行全部或部分改装以适应战争之用的旨在进行游弋或从事作战行动的任何船只，也应注意尽力阻止其驶离它的管辖范围。

第九条

中立国应将它对交战国军舰或捕获船只进入其港口、锚地或领水方面所制订的条件、限制或禁令，公平地适用于交战双方。

但中立国对于不遵守它所发布的命令和规章或侵犯其中立的交战国军舰，仍得禁止进入其港口或锚地。

第十条

一个国家的中立不因交战国军舰和捕获船只仅仅通过其领水而受影响。

第十一条

中立国得允许交战国军舰雇用其业经注册的引港员。

第十二条

如中立国的法律没有其他相反的特别规定,交战国军舰在该中立国的港口和锚地或领水内停留时间不得超过二十四小时,但本公约另有规定者除外。

第十三条

已获知战争开始的国家如得悉一艘交战国军舰正在它的港口或锚地或在它的领水内,应即通知该舰,务必在二十四小时内或在当地法律所规定的期限内驶离。

第十四条

交战国军舰非因海损或恶劣气候不得在中立国港口延长其法定的停泊时间。延迟的原因一经消失,该军舰应即离开。

限制在中立国港口、锚地和领水内的停留时间的规则不适用于专用于宗教、科学或慈善目的的军舰。

第十五条

如中立国法律没有其他相反的特别规定,则同时停泊在它的一个港口或锚地的一个交战国的军舰最多不得超过三艘。

第十六条

当交战双方的军舰同时在一个中立国港口或锚地时,交战一方军舰的启航时间和交战另一方军舰的启航时间至少应相隔二十四小时。

启航的次序按照到达的次序决定,除非首先到达的军舰已被准许延长停留的时间。

一交战国军舰不得在悬挂敌国国旗的商船启航不到二十四小时内离开中

立国港口或锚地。

第十七条

在中立国港口和锚地的交战国军舰只能在对航行安全绝对必要的限度内进行修理，并不得以任何方式增加其战斗力。中立国的地方当局应核定修理项目并令其从速完工。

第十八条

交战国军舰不得利用中立国港口、锚地和领水以补充或增加武器或军需品，也不得补充船员。

第十九条

交战国军舰在中立国港口或锚地只能进行平时正常供应品的补充。

此类船只增添的燃料以足够到达本国最近的港口为度。此外，如中立国有供应燃料至装满煤仓的限制规定，则以燃料增添至煤仓贮满为度。

如按照中立国法律船舶只能在到达二十四小时后方能供应煤，则它们的法定停留期限应延长二十四小时。

第二十条

曾在一个中立国港口装载燃料的交战国军舰，三个月以内不得在同一中立国的港口补充燃料。

第二十一条

除非因失去航行能力、气候恶劣或缺乏燃料与粮食，不得将被捕船只带进中立国港口。

一俟前款所指的入港原因消失，被捕船只必须立即离开。如不离开，中立国应命令它立刻驶离。如它不遵守命令，中立国应设法将被捕船只连同全体职员和船员一并释放，并拘留捕获者派在船上的人员。

第二十二条

未按第二十一条规定的条件被带入的被捕船只,中立国也应予以释放。

第二十三条

被捕船只不论有无交战国军舰押解,如果是为了等待捕获法院的判决,中立国得允许该船进入其港口或锚地,并得将该船送往其所属的其他港口。

被捕船只如有军舰押送,则派在该船上的船员应移往押解船上。被捕船只未被押送,则捕获者派在该船上的人员可任其自由离去。

第二十四条

虽经中立国当局发出通知,但交战国军舰仍不从它无权停泊的港口离开时,中立国有权采取它认为必要的措施,务使该舰在战争进行期间无法出海,舰长应促进此项措施的实现。

如交战国军舰被中立国扣留,则船上军官和船员也一并被拘留。

被拘留的军官和船员得任其留在船上,或移往他船或岸上,但应服从对他们所加的必要的限制措施。不过,应留下必要的人员以便照料船上事务。

船上军官在做出未经许可绝不离开中立国领土的保证后,则可任其自由离开。

第二十五条

中立国应以自己所拥有的手段执行监督,以防止在它的港口、锚地或领水内发生任何违反上述规定的行为。

第二十六条

中立国行使本公约所规定的权利,绝对不能被接受上述有关条款的交战国一方或另一方视为不友好的行为。

第二十七条

缔约各国应及时将本国所订关于交战国军舰在其港口和领水内所应遵守

的一切法律、命令及其他规定通知荷兰政府,并由该政府立即转达其他缔约国。

第二十八条

本公约的规定应在缔约各国之间,并只有在交战各方均为本公约缔约国时方能适用。

第二十九条

本公约应尽速批准。

批准书应交存于海牙。

首批批准书的交存应作成记录,由各加入国代表和荷兰外交大臣签署。

此后批准书的交存应以书面方式通知荷兰政府并附送批准文件。

首批批准书的交存记录、前款提到的通知书以及批准文件的经核证无误的副本,应由荷兰政府通过外交途径立即送交被邀请出席第二届和平会议的各国以及加入本公约的其他国家。对前款所指的情况,则荷兰政府应同时把收到通知的日期告知上述各国。

第三十条

非签署国可以加入本公约。

愿加入的国家应将它的意愿书面通知荷兰政府,同时向该国政府送交加入书,该加入书保存于荷兰政府的档案库。

荷兰政府应将通知书和加入书的经核证无误的副本立即送交所有其他国家,并注明收到通知的日期。

第三十一条

本公约对参加首批交存批准书的国家,于此项交存作成正式记录之日起六十天后生效,对此后批准或加入的国家,则于荷兰政府收到其批准或加入通知之日起六十天后开始生效。

第三十二条

如一缔约国要求退出本公约,则此项退出须以书面通知荷兰政府,并由该国政府立即将通知的经核证无误的副本送交所有其他国家并告以收到通知的日期。

退出只对发出退出通知的国家并于通知送达荷兰政府一年后生效。

第三十三条

由荷兰外交部保存的登记簿载明按照第二十九条第三和第四款交存批准书的日期以及收到加入通知(第三十条第二款)或通知(第三十二条第一款)的日期。

每一缔约国均得查阅该登记簿并可要求提供经核证无误的摘录。各全权代表在本公约上签名,以昭信守。

1907年10月18日订于海牙,正本一份,存于荷兰政府档案库。经核证无误的副本通过外交途径送交被邀出席第二届和平会议的各国。

(代表签字从略)

(转引自世界知识出版社编:《国际条约集(1872—1916)》,北京:世界知识出版社,1986年)

三、伦敦海军会议文件

(1909年2月26日订于伦敦)

最后议定书

由英王陛下政府召集的伦敦海军会议,于1908年12月4日在英国外交部举行。会议的目的在于根据1907年10月18日在海牙签订的公约第七条,制定普遍公认的关于建立国际捕获法庭的国际法原则。

下列参加会议的各国,各任命其代表如下:

(各代表名单略)

海军会议从1908年12月4日至1909年2月26日举行了一系列会议,制订了"海战法宣言"听由各国全权代表签字，该宣言为本议定书的附件。

此外，曾在1907年10月18日海牙公约上签字或拟签字的各国代表，为建立国际捕获法庭，将下列意愿记录在案：

为建立国际捕获法庭，曾在1907年10月18日海牙公约上签字或拟签字的国家出席这次海军会议的代表，考虑到某些国家由于宪法上的困难阻挠了以目前这种形式批准海牙公约，各国代表同意提醒各有关国家政府注意，它们可缔结一项协议，据此它们在交存批准书时有权附加一项保留，大意是如对国家法庭做出的判决而诉诸国际捕获法庭时，可采取直接要求赔偿的形式。但是，这种保留不应损害个人或政府根据上述公约所获得的权利，同时保留的条件应为上述公约签字国之间未来取得谅解的内容。

各全权代表以及已经离开伦敦的全权代表的代表在本议定书上签署，以昭信守。

1909年2月26日订于伦敦。议定书正本一份保存在英国政府档案处，经核证无误的副本通过外交途径送交参加伦敦会议的各国。

（代表签字从略）

海战法宣言

（各宣言国元首称呼略）

考虑到各国应英国政府邀请举行会议，以便就1907年10月18日签订的公约第七条关于设立国际捕获法庭所指的范围内的一般公认的国际法规则达成协议；

认识到按上述规则达成的协议，在不幸发生的海战中，将会对和平通商以及对交战者及其与中立国政府之间的外交关系，均可带来各种利益；

考虑到在实际适用国际法的一般规则时常采取各种不同方式；

本着促进取得更大程度的一致意见的愿望；

希望对人类共同利益如此重要的工作将得到各国的普遍赞同；

为此，各国任命各自的全权代表如下：

（各全权代表名单略）

相互校阅全权证书认为妥善后，同意本宣言。

序言

各签字国一致同意,以下各章中的各项规则,实质上与国际法的一般公认的原则相一致。

第一章 战时封锁

第一条

封锁不得扩展到敌方所有或占有的港口和海岸以外。

第二条

根据1856年巴黎宣言,欲使封锁有约束力,它必须是有效的,即必须使用实际上足以阻止进入敌方海岸的军力来维持封锁。

第三条

封锁是否有效,是一个事实问题。

第四条

如果封锁军队由于恶劣的气候而暂时撤离,仍不得视为解除封锁。

第五条

封锁必须公平地适用于各国的船只。

第六条

封锁军队的司令官可允许军舰驶入并驶离被封锁的港口。

第七条

中立船只由于遇难,经封锁军司令官的认可,可驶入并在其后驶离封锁区,但不得在封锁区内装卸货物。

第八条

欲使封锁具有约束力，必须按第九条规定予以宣告，并按第十一条和第十六条规定发出通知。

第九条

封锁宣言由封锁国或以封锁国名义的海军当局发布，内容包括：

（一）封锁开始的日期；

（二）被封锁海岸的地理界限；

（三）准许中立船只驶出的期限。

第十条

如果封锁国或以封锁国名义的海军当局的行动，与封锁宣言中按照第九条第（一）（二）款所规定的具体事项不相符合，则该宣言无效。必须发布新的宣言方能使封锁有效。

第十一条

封锁宣言应通知下列各方：

（一）各中立国，由封锁国直接致函其政府或其派驻的代表；

（二）地方当局，由封锁军的司令官负责通知，再由地方当局尽速通知驻在封锁港口或海岸的外国领事官员。

第十二条

封锁宣言和通知中的各项规定，当封锁区被扩大或封锁被解除后重新设置时，一律适用。

第十三条

凡自行解除封锁或在封锁区内设置限制者，须按第十一条所规定的办法发布通知。

第十四条

对因违反封锁而被拿捕的中立船只是否追究责任，应以实际或推定它是否已获悉设有封锁而定。

第十五条

凡船只驶出中立港口时，如上述港口所属的国家已接到封锁通知，且此通知已过了相当时日，则该船只除有相反证明外，应推定为已获悉设有封锁。

第十六条

如果船只接近封锁港口，而实际上或推定上均不知设有封锁；则封锁舰队的一艘军舰上的军官应将封锁之事通知该船。该通知应载入该船的航海日志中，并注明日期、时间以及当时该船所在的地理位置。

凡由于封锁军的指挥官一时疏忽而未将封锁宣告通知地方当局，或虽已通知但未载明中立船只驶出的期限，则中立船只驶出封锁港口时应准其自由通过。

第十七条

对中立船只，除在保持有效封锁的军舰行动区域外，不得因违反封锁而加以拿捕。

第十八条

对中立港口或海岸的通路，封锁军队不得加以拦截。

第十九条

任何船只或其货物，不管最终到达的目的地为何处，在其驶往非封锁港口的途中，不得视为违反封锁而加以拿捕。

第二十条

对那些破坏封锁而驶出，或试图破坏封锁而驶入的船只，如封锁舰队的军舰正在追缉时,可予以拿捕。但追缉停止或封锁解除时,不得再加以拿捕。

第二十一条

凡断定为违反封锁的船只,可予没收。对所载货物也可没收,但如证明发货人在装运货物时不知或无意违反封锁者,不在此例。

第二章　战时禁运品

第二十二条

下列物品应以绝对禁运名义列入战时禁运品而不需另行通告:

(一) 各种武器(包括狩猎用武器)及其重要部件;

(二) 各种炮弹、炸药和子弹及其重要部件;

(三) 专供战争使用的火药及炸药;

(四) 炮架、弹药车、曳引车、军用货车、战地冶炼装置及其重要配件;

(五) 具有明显军事性质的衣物和器材;

(六) 具有明显军事性质的各种马具;

(七) 可供战争用的马鞍、耕畜和驮畜;

(八) 扎营用物品及其重要的配件;

(九) 装甲板;

(十) 军舰(船只也包括在内)及舰艇上专用的重要配件;

(十一) 专为制造军火、生产或修理武器或陆上、海上军需材料用的器具和器械。

第二十三条

凡专供战争用物品,可通过发布宣言,附加在绝对违禁品表中。但此项宣言,须通知各国。

上述通知须送交各国政府,或送往驻在宣言国的各国代表。战争爆发后发布的通知,须送至各中立国。

第二十四条

战时以及平时均可使用的下列物品,一律以有条件禁运名义列入战时禁运品而无须另行通知:

(一) 食品;

(二) 喂牲口用的饲料和谷类;

(三) 军用衣物、衣料和鞋靴;

(四) 金币、银币;金条、银条;纸币;

(五) 军用车辆及其零部件;

(六) 各种船只,汽艇和小船;浮动船坞,船坞的部分及其组成部分;

(七) 铁路上的固定器材和车辆,以及电报、无线电报和电话器材;

(八) 气球、飞行器及其重要的部件,以及被认定为供气球、飞行器使用的附件和器材;

(九) 燃料和润滑油;

(十) 非专供战争使用的火药及炸药;

(十一) 有刺铁丝以及装设或截断上述铁丝的工具;

(十二) 马蹄铁及蹄铁材料;

(十三) 马具及马鞍;

(十四) 双筒望远镜、望远镜、精密计时器及各种航海器具。

第二十五条

第二十二条和第二十四条所开列的物品以外的在战时以及平时均可使用的物品,可发布宣言,附加在有条件的禁运品表中。但此宣言应按照第二十三条第二段规定的方式通知各国。

第二十六条

如果一国对于第二十二条和第二十四条所列的各种物品之一,放弃其作为禁运品处理的权利,则应将其意图发表在一项宣言中,并须依照第二十三条第二段规定的方式通知各国。

第二十七条

凡不供战争使用的物品,不得宣布为战时禁运品。

第二十八条

下列物品不得宣布为战时禁运品:

(一)原棉、羊毛、丝、黄麻、亚麻、大麻和其他纺织业所用原料及纱线;

(二)油籽和坚果及椰子仁干;

(三)橡胶、松脂、树胶、虫胶及蛇麻草;

(四)生牛皮、角骨及象牙;

(五)天然和人造肥料,包括农业用的硝酸盐和磷酸盐;

(六)矿石;

(七)泥土、黏土、石灰、白垩和石,包括大理石、石板和砖瓦;

(八)瓷器及玻璃;

(九)纸及造纸材料;

(十)肥皂、油漆、颜料(包括专供制造颜料用的物品)及清漆;

(十一)漂白粉、纯碱、苛性钠、芒硝、氨、硫酸铵及硫酸铜;

(十二)农业、矿业、纺织及印刷机械;

(十三)宝石、次等宝石、珍珠、珍珠母及珊瑚;

(十四)钟表(精密计时器除外);

(十五)时装式样及奢侈商品;

(十六)各种羽毛、毛发、鬃毛;

(十七)各种家具、装饰品、办公家具及附属物。

第二十九条

下列物品同样不得视为战时禁运品:

(一)专供伤病患者使用的物品。但此项物品,如果其运往的目的地为第三十条所规定者,在军事上急需时,在给予补偿的条件下,可予征用。

（二）在船上发现的供该船及其在航行中的水手与乘客使用的物品。

第三十条

凡绝对禁运品，经证明是运往敌方所有或所占有领土或运往敌方军队者，则不论其运往方式为直接或转运，或其后转为陆运，均可拿捕。

第三十一条

在下列情况下，第三十条所指的运往目的地的证明，已属完全：

（一）凡货物文件载明在敌方港口卸下或运给敌方军队者；

（二）船只只到敌方港口，或船只的货物虽在文件中载明至中立港口，但在未到达之前将在敌方港口停泊或与敌方军队相遇者；

第三十二条

凡船只装载绝对禁运品，其所行航程应以船只所持文件为依据；但如果发现该船确已离开文件所规定的航程，且无充分理由辩明上述航程变更者，则不在此限。

第三十三条

凡有条件的战时禁运品，经证明系运往敌国军队或政府部门使用者，应予拿捕。但在此情况下，依当时环境，证明上述货物事实上并不能供正在进行的战争使用者，则不在此例。上述例外不适用于第二十四条第四项所指的交付货物。

第三十四条

如货物系交付给敌国当局或在敌国的承包商，而众所周知，该承包商系向敌国专供这类货物者，则可推定第三十三条中所指的目的地是存在的。如果货物系交付给敌方的设防地或其他为敌军使用的基地，可做同样的推定。然而如果商船系开往上述地点之一，而欲证明该商船本身为战时禁运品者，则不产生上述推定。

凡不产生上述各种推定者，其目的地应推定为无害地区。

本条款所指的一切推定可予以反证。

第三十五条

凡有条件的战时禁运品，除发现装在驶向敌方所有或占领的领土或供应敌军的船中，且不在途中中立港卸货者外，不得予以拿捕。

船只的航程及卸货口岸的证明，须完全以船只的文件为依据；但如发现该船确已离开船只文件所规定的航程，且无充分理由辩明上述航程变更者，则不在此限。

第三十六条

凡有条件的战时禁运品，尽管第三十五条做了规定，但如证明具有第三十三条所规定的目的地，且敌国又无海岸者，仍可予以拿捕。

第三十七条

运载可拿捕的绝对禁运品或有条件的战时禁运品的船只，在其整个航程中均可在公海或交战各方的领海内予以拿捕；即使该船只在到达敌方目的地之前将经过途中的港口者，亦同。

第三十八条

对过去曾运载战时禁运品，现在事实上已停止运载的船只，不得以此为由而加以拿捕。

第三十九条

凡禁运品概应没收。

第四十条

凡运载禁运品的船只，其禁运品不论价值、重量、数量或运费计算，只要超过运载量的半数者，均可予以没收。

第四十一条

凡运载禁运品的船只被释放时，对捕获者向国家捕获法庭提出起诉的费用以及诉讼期间保管船只和货物的费用，应由该船负担。

第四十二条

凡属禁运品所有者的货物，并装在同一船上者，应予没收。

第四十三条

凡船只在海上遭遇军舰且不知战事爆发，或不知有适用于其装载的禁运货物宣言者，则所载禁运品除付出赔偿外，不得没收。船只本身及其他货物，也不得没收，且不得令其负担第四十一条所规定的费用。如果该船船长在得知战事爆发及禁运品宣言之后，无机会卸去其禁运品者，也适用上述规定。凡船只当其驶离中立港时是在此港所属国家接到战事爆发及禁运品宣言的通知之后，且此通知发出已有相当时日者，此船只应视为已知道存在战争状态及禁运品宣言。凡在战事爆发后驶离敌国港口的船只，也视为已知道战争状态的存在。

第四十四条

凡船只因运载战时禁运品而被勒令停驶，但根据船上所装禁运品的比例还不足以没收该船者，如果船长自愿将其禁运品交给交战者的军舰，则应酌情准其继续航行。

禁运品交给拿捕者后，应将交付情况载入停驶船只的航海日志中，船长还应将一切有关文件的核正无误的副本交给拿捕者。

第三章　违反中立的业务

第四十五条

凡中立船只，如违反下列各项者，应予没收，并如同对待因运载禁运品而被没收的中立船只一样，一般受同样处置：

（一）凡船只专为运载编入敌方军队的人员的乘客，或专为敌人传递情报者；

（二）凡船只的船主、租用者或船长已知道该船系运送敌方的军队或在航行途中有一人或数人从事直接帮助敌人的活动者。

如遇上述各种情况，该船主所有的货物也应没收。

凡船只在海上遭遇军舰时，并不知道战事爆发，或即使得知战事爆发，但其船长并无机会卸去其旅客者，则不适用本条款的规定。凡船只当其驶离敌港时，是在战事爆发之后，或当其驶离中立港时，是在此港所属国家接到战事爆发通知之后，且此项通知发出已有相当时日者，此船应视为已知道战争状态的存在。

第四十六条

凡中立船只，如违反下列各项者，应予没收，并如同对待敌方商船一样，一般受同样处置：

（一）凡船只直接参加军事行动者；

（二）凡船只受敌方政府派至船上的代理人的指挥或控制者；

（三）凡船只全部为敌方政府使用者；

（四）凡船只专为运送敌方军队或为敌人传递情报者。

如遇本条款各项规定，该船主所有的货物也应没收。

第四十七条

凡编入敌国军队的任何人，如发现藏在中立商船中，即使没有理由拿捕该船只，也可被捕为俘虏。

第四章 中立捕获船的毁坏

第四十八条

凡中立船只被捕获后，其捕获者不得加以毁坏，而应将其拘留至一适当港口，以决定关于捕获是否有效的各种问题。

第四十九条

凡因遵守第四十八条规定而危及交战者军舰的安全或妨碍其所进行的战斗行动的成功,则该军舰所捕获并应于没收的中立船只可视为例外而加以毁坏。

第五十条

在船只毁坏之前,应把船上所有人员安置到安全地带,所有船只的文件及有关各方认为对于决定捕获有效与否至关重要的其他文件,应移置于军舰上。

第五十一条

凡毁坏中立船只的捕获者,在对捕获是否有效做出决定之前,应证明它是依据第四十九条规定的特殊需要情况而不得不采取这一行动。凡不能做此证明者,捕获者应向有关各方负责赔偿,而对于捕获有效与否问题可不必查问。

第五十二条

如果对中立船只的捕获,经检定认为无效时,虽有正当理由予以毁坏,但捕获者对有关各方仍应予以赔偿,以替代偿还其船只。

第五十三条

凡不应没收的中立货物,因船只毁坏而遭到破坏时,该货物所有者有权获得赔偿。

第五十四条

捕获者对在不应没收的船内发现应没收的货物,如遇当时情形有如第四十九条所载有正当理由对应没收的船只予以毁坏时,有权要求将上述货物交出并加以毁坏。捕获者应将交出或毁坏的货物记载在停驶船只的航海日志中,并须取得所有有关文件的经核正的副本。当货物已交出或已毁坏，且一切手续业已办妥后，应允许该船船长继续航行。

第五十一条和第五十二条关于毁坏中立船只的捕获者的义务的规定，适用于上述各项。

第五章　改悬中立旗

第五十五条

凡敌船改悬中立旗，以在战事爆发前进行者方为有效。但如能证明这种改旗行动之目的在于避免敌船所应受的后果者，不在此例。凡船只在战争爆发前不到六十天即丧失其交战国国籍，而其出售凭单不在船内者，其改旗行动应推定为无效。但这种推定允许反证。

改旗行动在战争爆发前三十天以上者，如这一行动是无条件的、完备的，并符合有关国家的法律规定，且对该船的监督及其使用所产生的利益，并不像改旗前那样属于同一人者，其改旗行动应绝对地推定为有效。但如果船只在战争爆发前不到六十天即丧失其交战国国籍，且其出售凭单不在船内者，其船只不能因受捕获而要求赔偿损失。

第五十六条

凡敌船在战争爆发后改悬中立旗者，应属无效。但如能证明这种改旗行动的目的不在于避免作为敌船所应承受的后果时，不在此例。

下列各项改旗行动应绝对地推定为无效：

（一）改旗行动是在航行中或在封锁港内进行者；

（二）凡卖主有再买回或取得船只的权利者；

（三）国内法中所规定的关于航行中船只悬挂国旗权利的要求未执行者。

第六章　敌性

第五十七条

除受有关国旗改悬规定的约束外，船只的敌性或中立性问题，应依其有权悬挂的国旗而定。

凡中立船从事和平时期所禁止的贸易者,不在本条款范围之内,并不受本条款的影响。

第五十八条

敌船内的货物的敌性或中立性问题,应视其船主的敌性或中立性而定。

第五十九条

敌船内的货物,如无法证明其中立性者,应推定为敌货。

第六十条

凡敌船内的敌货,尽管该船只在开战后于运送货物途中改悬国旗,但在未到达目的地之前,仍保有敌性。

然而,在捕获之前,其以前的中立所有者,由于敌性所有者破产,对上述货物行使其合法的恢复权利,则该货物仍保持其中立性。

第七章 护航

第六十一条

凡中立船受本国护航队护送者,应免于搜查。关于该船及其货物的性质须经搜查方能得到的全部情况,在交战者军舰司令官的要求下,护航队司令官应以书面形式提供。

第六十二条

交战国军舰司令官,如有理由对护航队司令官的信用提出怀疑,应将其怀疑通知对方。在此情况下应由护航队司令官单独进行调查。他应将调查报告写成书面报告,将其抄件送交交战国军舰司令官。如护航队司令官认为,报告中列举的事实足以证明拿捕一艘或数艘船只是正当的,则应撤回对上述船只的保护。

第八章　搜查之抵抗

第六十三条

凡对合法行使停泊权、搜查权和捕获权以强力抗拒者，均可将其船只没收。对其货物的处置，与对敌船中货物的处置相同。该船长或船主所属的货物，也应视为敌货。

第九章　赔偿

第六十四条

凡对船只或货物捕获后，经捕获法庭判为无效者，或未经审判就予以释放者，有关各方有权取得赔偿；但对有正当理由捕获其船只或获物者，不在此例。

最后条款

第六十五条

本宣言中的各项规定，应视为一体，不可分离。

第六十六条

签字国承允保证在所有交战者都是本条约签字国的战争中，共同遵守本宣言中的各项规定。各签字国应向本国当局及其军队发布必要指令，并采取为保证本国法庭，特别是捕获法庭实施本宣言的必要措施。

第六十七条

本宣言应从速批准。

批准书应存于伦敦。

第一批交存的批准书，应载于一项议定书内，由参加国的代表及英王陛下的外交大臣签字。

以后各次交存的批准书，应由该国以书面通知，连同批准书一并送交英国政府。

关于第一批交存的批准书的议定书和上述通知以及所附的批准书，应由英国政府立即将核证无误的副本，通过外交途径送交各签字国。关于前一段所规定的情况，应由上述英国政府在收到通知之日，同时通知各签字国。

第六十八条

本宣言对第一批交存批准书的各国，应从议定书所载日期之后六十天起开始生效；对以后批准的各国，应从英国政府收到批准书的通知后六十天起开始生效。

第六十九条

任何一签字国如拟废除本宣言，须待第一批交存批准书之后六十天起，满十二年后，此项废约方能生效。此后，每届六年期满，废约即可生效。但第一届六年应从上述十二年结束之日算起。

废约至少应于一年前书面通知英国政府，再由英国政府通知各国。

废约只对声明废约的国家发生效力。

第七十条

参加伦敦海军会议的各国，特别重视普遍承认它们所通过的各项规则；因此，希望未参加本会议的各国加入本宣言。参加会议各国委托英国政府邀请各国加入本宣言。

凡愿加入本宣言的国家，可将其意愿书面通知英国政府，并将其加入书一并送交，保存在英国政府的档案处。

上述通知及加入书，应由英国政府将核证无误的副本，送交所有其他国家，并注明收到的日期。上述加入应自收到加入书之日后的第六十天生效。

关于本宣言中的一切事项，加入国与签字国享有同等地位。

第七十一条

本宣言订于 1909 年 2 月 26 日。参加海军会议的各国全权代表限于 1909 年 6 月 30 日以前在伦敦签字。

（代表签字从略）

（转引自世界知识出版社编：《国际条约集（1872—1916）》，北京：世界知识出版社，1986 年）

附录五：地图

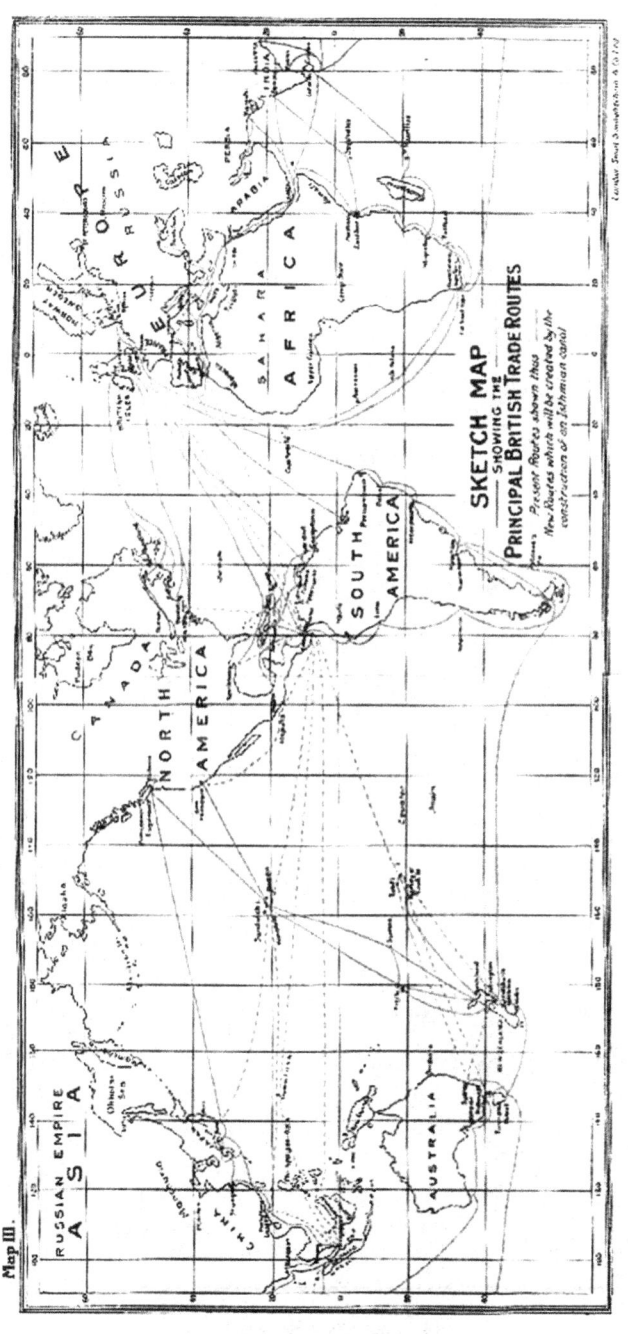

近代英国主要贸易航路分布图

近代英国海上贸易保护政策的演变（17 世纪中叶至 20 世纪初）

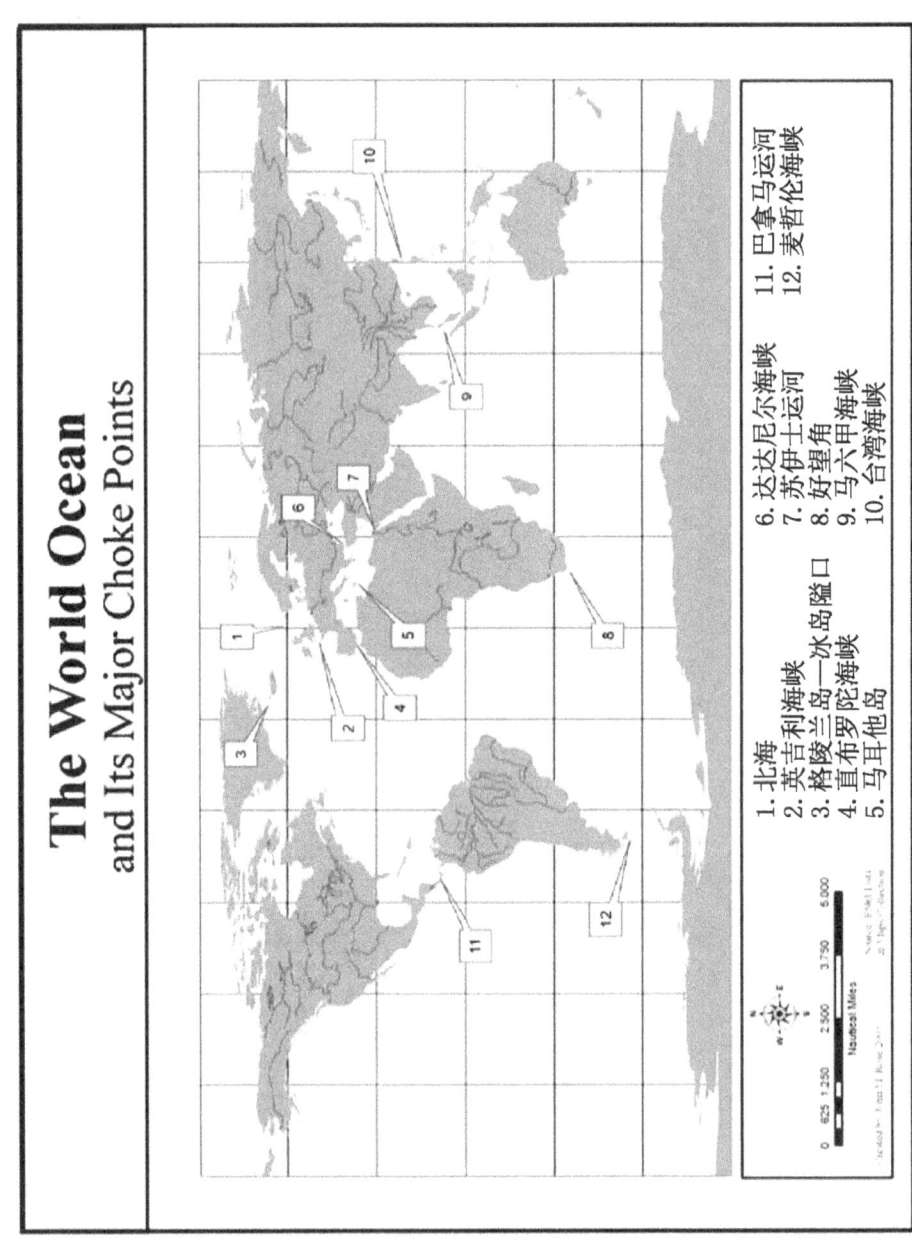

世界海洋及主要狭窄海域

后　记

　　本书是在我博士学位论文的基础上扩充而成的。回顾成文及成书的经过，我深深感激我的导师赵军秀教授！在论文的写作过程中，我曾经遭遇过瓶颈，备感挫折，甚至丧失过完成论文的信心，此时赵老师循循善诱，温和地鼓励了我；当我懈怠时，她会严厉地批评我；当我在写作中遇到困难时，她耐心地帮我梳理思路、规划体系、矫正讹误。我的论文从一章一节的初稿，到最后的定稿，老师不知帮我看了多少遍。大到框架结构，小到标点用词，每次她都提出详细的修改意见并认真做出批注。我吃过老师亲手做的炒面、水饺，也吃过老师给的各种牛肉干、小点心，老师给予我的关怀难以历数。老师于我，是严师，是慈母。我参加工作后，老师多次鼓励我将学位论文进一步充实完善后出版成书。没有赵老师的教导和帮助，也不会有本书的问世。

　　感谢给予我爱护、指点和扶持的前辈师长！感谢给予我诸多建议、关怀和帮助的师兄、师姐、师弟、师妹！感谢我亲爱的朋友们！人生总有四季冷暖、白昼黑夜，您们就是我在冬日的暖阳、黑夜的明星，给我温暖和继续前行的力量！

　　感谢我先生韩涛——那个当年大学校园紫藤架下身穿白衬衣、牛仔裤的阳光大男孩——的呵护和陪伴。一路走来，甘苦与共、柴米油盐，我们已成为彼此生命中的一部分。感谢我的父母、公婆和其他关爱我们的亲人们！感谢我的女儿韩知瑾，你的到来让我们的世界闹哄哄，但你完整了我们的人生，温柔了时光和岁月。

　　感谢世界知识出版社的狄安略老师为本书提出了非常中肯、专业的修改意见，以及在本书的编辑过程中所付出的辛劳！

　　我将不忘初心，继续努力前行！

杜　平
2021 年 1 月